ANTIPASTI & TAPAS

Häppchenweise ans Mittelmeer

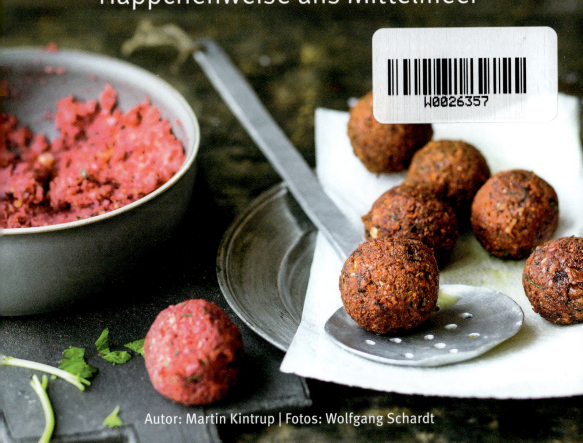

Autor: Martin Kintrup | Fotos: Wolfgang Schardt

DIE GU-QUALITÄTS-GARANTIE

Wir möchten Ihnen mit den Informationen und Anregungen in diesem Buch das Leben erleichtern und Sie inspirieren, Neues auszuprobieren. Bei jedem unserer Bücher achten wir auf Aktualität und stellen höchste Ansprüche an Inhalt, Optik und Ausstattung. Alle Rezepte und Informationen werden von unseren Autoren gewissenhaft erstellt und von unseren Redakteuren sorgfältig ausgewählt und mehrfach geprüft. Deshalb bieten wir Ihnen eine 100 %ige Qualitätsgarantie.

Darauf können Sie sich verlassen:
Wir legen Wert darauf, dass unsere Kochbücher zuverlässig und inspirierend zugleich sind. Wir garantieren:
- dreifach getestete Rezepte
- sicheres Gelingen durch Schritt-für-Schritt-Anleitungen und viele nützliche Tipps
- eine authentische Rezept-Fotografie

Wir möchten für Sie immer besser werden:
Sollten wir mit diesem Buch Ihre Erwartungen nicht erfüllen, lassen Sie es uns bitte wissen! Wir tauschen Ihr Buch jederzeit gegen ein gleichwertiges zum gleichen oder ähnlichen Thema um. Nehmen Sie einfach Kontakt zu unserem Leserservice auf. Die Kontaktdaten unseres Leserservice finden Sie am Ende dieses Buches.

GRÄFE UND UNZER VERLAG
Der erste Ratgeberverlag – seit 1722.

INHALT

TIPPS UND EXTRAS

Umschlagklappe vorne:
  Vorspeisen-Basics

  4 Kleine Großartigkeiten
 64 Grissini

Umschlagklappe hinten:
  Büfetts clever planen
  Bunte Vorspeisen-Büfetts

6 ANTIPASTI

  8 Vitello tonnato
  9 Zitronen-Salbei-Hähnchen
 10 Taleggio-Crostini mit Himbeeren
 12 Bresaola-Carpaccio
 13 Auberginen-Carpaccio
 14 Focaccia
 16 Marinierte Weiße Bohnen
 16 Halbgetrocknete Tomaten
 17 Eingelegte Artischocken
 17 Gefüllte Mini-Paprika
 19 Gratinierte Zucchini-Garnelen-Röllchen

20 TAPAS

22 Paprika-Thunfisch-Salat
23 Bohnen-Chorizo-Salat
24 Baskische Pintxos
26 Pimientos Padrón
26 Patatas aioli
27 Walnuss-Speck-Datteln
27 Grillgemüse mit Mojo verde
28 Ziegenkäse mit Aprikosensalsa
30 Gebratene Pilze mit Manchego
31 Pinchos morunos
33 Mejillones a la marinera

34 MEZZE

36 Fattoush mit Granatapfel
37 Halloumi-Kichererbsen-Salat
38 Lammfleisch-Hummus-Brote
40 Labné
40 Marinierte Möhren
41 Muhammara
41 Marinierte Rote Beten
42 Sambusak mit Spinat und Schafskäse
44 Rote-Bete-Falafel
45 Kafta-Kebabs
46 Halloumi-Spieße mit Zhug-Sauce

🌿 Das grüne Blatt bei den Rezepten heißt fleischloser Genuss:
Mit diesem Symbol sind alle vegetarischen Gerichte gekennzeichnet.

48 »HÄPPCHEN«

50 Erdbeeren mit Ziegenfrischkäse
51 Garnelen-Tomaten-Spieße
52 Zweierlei vom Lachs
54 Spargel im Schinkenmantel
55 Mini-Rösti mit Salami-Röllchen
56 Mini-Matjes-Schichtsalat
56 Senfterrine mit Speck
57 Saibling-Tatar
57 Avocado-Gurken-Shots
58 Meerrettich-Crème-brûlée

60 Register
62 Impressum

KLEINE GROSSARTIGKEITEN

Egal ob italienische Antipasti, spanische und deutsche Tapas oder orientalische Mezze: Was auf dem Teller »en miniature« daherkommt, verspricht maximalen Genuss – garantiert!

Während wir dem Essen im Alltag häufig viel zu wenig Raum geben, wird dem Essen rund ums Mittelmeer zumindest abends eine größere Bedeutung beigemessen. Es ist natürlich eine romantisierte Vorstellung, dass allabendlich die ganze Großfamilie zusammenkommt und in endlosen Mehrgängemenüs bis Mitternacht am Tisch sitzt, lautstark diskutiert und feiert. Vielen von uns gefällt diese Vorstellung aber so gut, dass wir sie im Urlaub gerne imitieren. Real ist, dass man sich im Süden abends häufig mehr Zeit zum Essen nimmt.

Vielfach wird die Mahlzeit gemütlich mit ein paar einfachen Vorspeisen eingeläutet. Am Wochenende darf es auch einmal eine Nummer größer sein: entweder mit Gästen zuhause oder unterwegs in Bars, Osterien oder Restaurants. Dann kommen die abendlichen Runden unseren Vorstellungen schon sehr nahe. Auch ich bin fasziniert vom Ideal mediterraner Entschleunigung, dem bewussten Genießen und dem Zelebrieren der Geselligkeit. Die vielfältigen Vorspeisen zwischen Madrid und Mailand, zwischen Barcelona und Beirut sind für mich ein Symbol für diese Lebensart.

ANTIPASTI
Die italienischen Kleinigkeiten werden »anteriore pasto«, also »vor der Mahlzeit« serviert. Ganz klassisch ist gebratenes Gemüse wie Paprika, Pilze, Auberginen und Artischocken, meist eingelegt in Öl (»sott'olio«), gelegentlich in Essig (»sott'aceto«). Dazu allerlei Wurst- und Schinkenaufschnitt, Käse, Fisch und Meeresfrüchte. Besonders beliebt sind der Insalata caprese (der nur schmeckt, wenn er mit reifen Tomaten, Büffelmozzarella, duftendem Basilikum und hochwertigem Balsamico bereitet wird!) und Bruschetta al pomodoro (geröstetes Knoblauchbrot mit Tomaten). Auch Vitello tonnato (hauchdünnes Kalbfleisch mit Thunfischsauce, siehe S. 8) gehört in italienischen Restaurants zum guten Ton. Außerdem gibt es meist eine Antipasti-Vitrine, in der sich jeder seine persönlichen Favoriten auswählen kann.

TAPAS

Die Tapaskultur Spaniens unterscheidet sich etwas von der italienischen Antipasti-Welt. Meist sind die würzigen Minis in Bars und Bodegas Beigaben zu Wein, Bier und Sherry, häufig sogar umsonst. Sie werden in der Regel stehend gegessen und können auf diese Weise den abendlichen Aperitivo begleiten, auf längeren Touren aber auch komplette Abendessen ersetzen. Tapas sind deutlich fleisch- und fischlastiger als Antipasti und Mezze. Es wird viel geschmort, gebraten, gebacken und frittiert. Eine Besonderheit hat die Tapas-Kultur Nordspaniens zu bieten: Im Baskenland sowie in den Regionen Navarra und La Rioja ist man ganz verrückt nach der Edelvariante der Tapas – den sogenannten »Pintxos«. Diese sind in der Regel etwas aufwendiger in der Zubereitung und werden mit einem kleinen Spießchen, dem »Pintxo«, zusammengehalten. Der Kreativität sind dabei kaum Grenzen gesetzt: Jährlich werden in Hochburgen wie Donostia und Bilbao die besten Kreationen prämiert – und begeistert genossen.

MEZZE

Die Mezze-Kultur erstreckt sich von Griechenland über die Türkei bis in den arabischen Raum und Israel. Logisch, dass sich in diesem riesigen Gebiet regional völlig unterschiedliche und eigenständige Esstraditionen herausgebildet haben! Anders als in Italien und Spanien werden die Vorspeisen auch tagsüber als Imbiss oder Zwischenmahlzeit serviert, oder aber abends als alleiniges Essen beziehungsweise als Vorspeise für ein Fleisch- oder Fischgericht – dann kommen sie auch gerne in Begleitung von Hochprozentigem daher. Klare Schnäpse auf Anisbasis, wie etwa Rakı, Ouzo oder Arak stehen dann als begleitendes Getränk auf dem Tisch. Mezze-Büffets sind reich an frischem Gemüse und milden bis würzigen oder sogar höllisch scharfen Dips und werden traditionell mit Fladenbrot serviert.

DEUTSCHE TAPAS: »HÄPPCHEN«

Hierzulande beschränkte sich die Vorspeisenkultur bis vor kurzem meist auf Suppen und Salate. Seit wir jedoch durch Antipasti, Tapas und Mezze die Lust an abwechslungsreichen Appetizern wiedergewonnen haben, regt sich auch hier einiges bei den kreativen Köchen. So findet sich heute auf den hiesigen Speisekarten wieder der ein oder andere interessante Starter, meist mit Anleihen an die Mittelmeer- oder die angesagte Asia-Küche. Auch ich lasse mich gerne von diesen Küchen inspirieren und versuche einheimische Produkte in ein neues, vielleicht ungewohntes, aber sicher passendes Gewand zu kleiden. Probieren Sie selbst!

ANTIPASTI

Vorhang auf für vielseitige Verführer: Mehrgängige Menüs starten in Italien traditionell mit kleinen, feinen Köstlichkeiten, die mal einfach und rustikal daherkommen, mal aufwendig und raffiniert, aber immer eines bieten: aromatische Zutaten in bester Qualität! Das zaubert bei mir sofort einen Hauch Urlaub auf den Teller und lässt den Alltag ganz fern erscheinen.

VITELLO TONNATO

2 Knoblauchzehen | 1 Zwiebel | 800 g Kalbsnuss | 450 g TK-Suppengemüse | ¼ l trockener Weißwein (z. B. Pinot grigio) | 2 Lorbeerblätter | 2 Wacholderbeeren | ½ TL schwarze Pfefferkörner | Salz | 1 Dose Thunfisch (im eigenen Saft; mit MSC-Siegel; 130 g Abtropfgewicht) | 150 g Mayonnaise | 2 TL eingelegte Kapern | 2 Sardellen (in Öl) | Pfeffer | Zitronensaft

Platzhirsch auf jeder Antipastiplatte

Für 4 Personen | 20 Min. Zubereitung | 18 Std. Ziehen | 1 ½ Std. Garen
Pro Portion ca. 615 kcal, 54 g EW, 35 g F, 9 g KH

1 Am Vortag Knoblauch schälen und halbieren. Zwiebel waschen und samt Schale halbieren, in einer Pfanne ohne Fett auf der Schnittfläche kräftig anrösten, wieder herausnehmen. Fleisch mit Suppengemüse, Wein, Zwiebel, Knoblauch und Gewürzen in einen Topf mit 1 l gesalzenem Wasser einlegen. Zugedeckt ca. 6 Std. ziehen lassen.

2 Danach alles langsam zum Kochen bringen und zugedeckt bei schwacher Hitze 1 ½ Std. köcheln lassen, dabei gelegentlich Schaum abschöpfen. Den Topf vom Herd nehmen, das Fleisch zugedeckt im Sud über Nacht ziehen lassen.

3 Am nächsten Tag Thunfisch abtropfen lassen. Vom Fleischsud 50 ml abnehmen. Thunfisch, Mayonnaise, Kapern und Sardellen mit dem Stabmixer pürieren, den Sud unterschlagen. Die Sauce mit Salz, Pfeffer und Zitronensaft abschmecken. Fleisch aus dem Sud nehmen, abtropfen lassen. Restlichen Sud anderweitig, z. B. als Basis für eine Suppe, verwenden. Fleisch mit einem scharfen Messer in sehr dünne Scheiben schneiden und auf vier Teller verteilen. Mit der Sauce beträufeln.

ZITRONEN-SALBEI-HÄHNCHEN

2 Hähnchenbrustfilets (à ca. 200 g) | 1 EL Mehl | 3 EL Olivenöl | 1 rote Zwiebel | 1 Knoblauchzehe | 1 Bio-Zitrone | 20 Salbeiblätter | 2 TL Honig | 2 EL Vermouth (z. B. Martini dry) | 2 EL Butter | Salz | Pfeffer

Weckt Urlaubsträume

Für 4 Personen |
25 Min. Zubereitung | 15 Min. Garen
Pro Stück ca. 290 kcal, 23 g EW, 18 g F, 6 g KH

1 Den Backofen auf 130° vorheizen. Die Hähnchenbrustfilets kalt abwaschen und mit Küchenpapier trocken tupfen. Das Fleisch in Mehl wenden. In einer Pfanne 1 EL Öl erhitzen und das Fleisch darin rundherum 5 Min. anbraten. Den Grillrost mit Backpapier auslegen, das Fleisch darauflegen und im heißen Backofen (Mitte) 15 Min. garen. Herausnehmen und lauwarm abkühlen lassen.

2 Zwiebel schälen und klein würfeln. Knoblauch schälen und in Scheiben schneiden. Die Zitrone heiß waschen und trocken reiben, die Schale abreiben, den Saft auspressen. Salbei waschen und trocken tupfen, große Blätter in Streifen schneiden, kleine ganz lassen.

3 Restliches Öl in der Pfanne erhitzen, die Zwiebel darin andünsten. Knoblauch, Salbei und Honig hinzufügen und mitdünsten. Mit Vermouth ablöschen und etwas einkochen lassen. Dann Butter, Zitronenschale und 4 EL Zitronensaft hinzufügen. Kurz in der Pfanne schwenken. Die Sauce mit Salz, Pfeffer und Zitronensaft abschmecken.

4 Die Hähnchenbrustfilets schräg in dünne Scheiben schneiden und leicht überlappend auf vier Tellern auslegen, mit Salz und Pfeffer würzen. Die Sauce darüberträufeln und alles servieren.

TALEGGIO-CROSTINI MIT HIMBEEREN

In Norditalien werden Crostini gerne mit Schinken und Taleggio serviert. Mit einer würzigen Himbeer-Mostarda erhalten die Crostini eine fruchtig-scharfe Note.

Für die Mostarda:
100 g Himbeeren
2 EL Zucker
1 TL Speisestärke
1 EL Weißweinessig
1 TL Dijon-Senf
Salz | Pfeffer

Für die Crostini:
60 g Butter
1 EL gehackter Rosmarin
1 Knoblauchzehe
16 Scheiben Baguette (oder Ciabatta; ca. 250 g)
200 g Taleggio (norditalienischer Weichkäse)
8 breite Scheiben luftgetrockneter Schinken (ca. 130 g)

Raffiniert kombiniert

Für 16 Crostini |
25 Min. Zubereitung
Pro Stück ca. 130 kcal,
6 g EW, 7 g F, 10 g KH

1 Himbeeren waschen und trocken tupfen. Zucker, Speisestärke, Essig und die Hälfte der Himbeeren aufkochen, kurz köcheln lassen, bis die Himbeeren zerfallen sind und die Mischung andickt. Den Senf unterrühren, alles mit Salz und Pfeffer abschmecken, die restlichen Himbeeren dazugeben und unterrühren.

2 Den Backofen auf 200° vorheizen, einen Grillrost mit Backpapier auslegen. Die Butter mit dem Rosmarin in einer Pfanne erhitzen. Knoblauch schälen, dazupressen und kurz mitbraten. Die Pfanne vom Herd nehmen.

3 Das Brot auf den Rost legen und im heißen Backofen (Mitte) 5 Min. anrösten. Inzwischen den Käse in 16 Scheiben schneiden. Die Schinkenscheiben längs halbieren und zusammenklappen.

4 Den Rost aus dem Ofen nehmen, die Brote mit der Knoblauch-Rosmarin-Butter bestreichen. Zunächst mit dem Schinken, dann mit dem Käse belegen und noch einmal für ca. 3 Min. in den Backofen schieben, bis der Käse weich und leicht geschmolzen ist. Den Rost wieder aus dem Ofen nehmen, die Brote auf einer Servierplatte anrichten. Je 1 Klecks von der Himbeer-Mostarda daraufsetzen, alles nach Belieben mit grob gemahlenem schwarzem Pfeffer garnieren und sofort servieren.

BRESAOLA-CARPACCIO

100 g Rucola | 4 Champignons | 4 getrocknete Feigen | 400 g Bresaola (luftgetrockneter Rinderschinken) | 60 g Walnusskerne | 1 Knoblauchzehe | 6 EL Olivenöl | 8 Scheiben Baguette | 2 EL Aceto balsamico | Salz | Pfeffer

Blitzschnell auf dem Teller

Für 4 Personen | 20 Min. Zubereitung
Pro Portion ca. 545 kcal, 38 g EW, 29 g F, 32 g KH

1 Den Backofen auf 220° vorheizen. Den Rucola waschen und trocken schleudern, grobe Stiele entfernen. Die Blätter nach Belieben klein zupfen. Pilze putzen, trocken abreiben und mit den entstielten Feigen in dünne Scheiben schneiden.

2 Bresaola auf vier Tellern auslegen. Die Pilze und Feigen darauf verteilen. Die Walnusskerne grob zerbröckeln und darüberstreuen.

3 Für das Knoblauchbrot den Knoblauch schälen, durchpressen und mit 2 EL Öl verrühren. Das Brot mit dem Knoblauchöl bestreichen, im heißen Backofen (Mitte) auf dem mit Backpapier ausgelegten Rost in 5–7 Min. knusprig backen.

4 Für das Dressing Essig und restliches Öl verrühren. Mit Salz und Pfeffer abschmecken. Je 2 TL über jede Portion Carpaccio träufeln. Übriges Dressing mit dem Rucola mischen und auf dem Carpaccio anrichten. Das Knoblauchbrot dazu reichen.

TIPP CARPACCIO CLASSICO
Für ein klassisches Carpaccio den Bresaola durch 400 g hauchdünn geschnittene, plattierte rohe Rindfleischscheiben (Filet oder Hüfte) ersetzen. Die Menge des Dressings verdoppeln. Statt Essig Zitronensaft verwenden und mit Honig abschmecken.

AUBERGINEN-CARPACCIO

2 Auberginen (à ca. 350 g) | Olivenöl zum Braten und 2 EL nach Belieben zum Beträufeln | 1 Bio-Zitrone | 2 EL Weißweinessig | 2 – 3 TL Honig | 1 Knoblauchzehe | Salz | Pfeffer | 3 EL Pinienkerne | 2 Stiele Minze | 3 Stiele Dill | 100 g Pecorino (oder Parmesan; am Stück)

Fleischlos köstlich

Für 4 Personen | 40 Min. Zubereitung
Pro Portion ca. 280 kcal, 8 g EW, 23 g F, 9 g KH

1 Die Auberginen der Länge nach in je 12 Scheiben schneiden. Portionsweise in einer großen Pfanne in Öl von beiden Seiten ca. 3 – 4 Min. anbraten, bis sie leicht gebräunt sind. Die Scheiben jeweils auf Küchenpapier abtropfen lassen.

2 Inzwischen für das Dressing die Zitrone heiß waschen und trocken reiben. Die Schale abreiben, den Saft auspressen. Zitronenschale und 4 EL Zitronensaft mit Essig, 2 EL Wasser und 2 TL Honig verrühren. Knoblauch schälen und dazupressen. Mit Salz, Pfeffer und Honig abschmecken.

3 Pinienkerne in einer Pfanne ohne Fett hellbraun anrösten. Kräuter waschen und trocken schütteln. Die Blätter bzw. Spitzen abzupfen und grob hacken. Den Käse zunächst in dicke Scheiben schneiden, dann grob zerbröckeln.

4 Je 6 Auberginenscheiben dachziegelartig überlappend in einer Reihe auf vier Teller legen, mit dem Dressing beträufeln. Kräuter, Pinienkerne und Käse auf die Auberginen streuen. Alles nach Belieben noch mit etwas Öl beträufeln. Mit Weißbrot oder Knoblauchbrot (siehe S. 12) servieren.

FOCACCIA

Das herzhafte Fladenbrot wurde schon von den Etruskern gebacken und wird noch heute mit verschiedenen »Toppings«, wie Kräutern oder Oliven, heiß geliebt.

1 EL Zucker
500 g Weizenmehl (Type 405)
½ Würfel Hefe (ca. 21 g)
ca. 140 ml Olivenöl
2 TL Salz
Mehl zum Bestäuben
2 Zweige Rosmarin (nach Belieben auch ½ Handvoll Salbei oder 1 Bund Thymian)

Klassiker aus Ligurien

Für 1 Brot (40 × 30 cm) oder 48 Stück (5 × 5 cm) | 20 Min. Zubereitung | 2 Std. Gehen | 30 Min. Backen
Pro Stück ca. 60 kcal, 1 g EW, 3 g F, 8 g KH

1 Für den Vorteig 300 ml handwarmes Wasser mit Zucker und 1 EL Mehl verrühren. Die Hefe zerbröckeln, dazugeben und unter Rühren auflösen. Alles zugedeckt 10 Min. gehen lassen.

2 Restliches Mehl in eine große Rührschüssel geben, 80 ml Öl, Salz und die Hefemischung dazugeben. Alles mit den Knethaken des Handrührgeräts in ca. 5 Min. zu einem glatten Teig verkneten. Dann mit etwas Mehl bestäuben und noch etwas mit den Händen kneten. Den Teig mit Öl einreiben, zugedeckt an einem warmen Ort 1 Std. gehen lassen.

3 Eine große Auflauf- bzw. Backform (40 × 30 cm) mit Backpapier auslegen und mit 2 EL Öl beträufeln. Den Teig etwas bemehlen und gleichmäßig auf dem Öl in der Form verteilen. Mit einem Kochlöffelstiel im Abstand von ca. 3 cm immer wieder tief in den Teig stechen. Erneut mit 2 EL Öl beträufeln und noch einmal zugedeckt an einem warmen Ort 1 Std. gehen lassen.

4 Den Backofen auf 220° vorheizen. Den Rosmarin waschen und trocken schütteln, die Nadeln abzupfen und nach Belieben etwas klein hacken. Den Teig mit dem Rosmarin bestreuen. Im heißen Backofen in 25–30 Min. goldbraun backen. Anschließend die Focaccia aus dem Ofen nehmen, kurz ruhen lassen. Dann vorsichtig aus der Form lösen und auf einem Kuchengitter abkühlen lassen.

TIPP

FOCACCIA BITES
2 rote Zwiebeln schälen, fein würfeln und in 1 EL Olivenöl andünsten. 4 EL Zucker dazugeben und leicht karamellisieren lassen. 100 ml trockenen Rotwein und 4 EL Aceto balsamico angießen und alles etwa 8 Min. offen einkochen lassen, salzen und pfeffern. Abkühlen lassen. 4 Feigen waschen, entstielen und in je 6 Scheiben schneiden. 200–250 g Pecorino mit dem Gemüsehobel in grobe Späne hobeln. ½ Focaccia in 24 Quadrate (à 5 × 5 cm) schneiden und diese waagerecht durchschneiden. Unterseiten mit 150 g Frischkäse bestreichen und die oberen Hälften daraufsetzen. Dann mit Feige und Käse belegen. Zuletzt mit je 1 Klecks Rotwein-Balsamico-Zwiebeln garnieren.

MARINIERTE WEISSE BOHNEN

1 Dose Cannellini-Bohnen (250 g Abtropfgewicht) | 1 Bio-Zitrone | 1 Knoblauchzehe | 4 eingelegte Peperoni | 5 Salbeiblätter | 3 EL Olivenöl | 1 TL eingelegte grüne Pfefferkörner | 1 TL Honig | Salz | ½ EL Aceto balsamico bianco

Herrlich aromatisch

Für 4 Personen |
15 Min. Zubereitung | 1 Std. Marinieren
Pro Portion ca. 125 kcal, 4 g EW, 8 g F, 9 g KH

1 Die Bohnen abgießen, abbrausen und abtropfen lassen. Die Zitrone waschen, trocken reiben, 2 breite Streifen Schale abschneiden und den Saft auspressen. Die Schale in schmale Streifen schneiden. Knoblauch schälen und in Scheiben, Peperoni in Ringe schneiden. Salbei in Streifen schneiden.

2 Öl in einer Pfanne erhitzen, Knoblauch und grünen Pfeffer darin andünsten. Peperoni, Zitronenschale, Salbei und Honig hinzufügen und kurz weiterdünsten. Vom Herd nehmen und die Bohnen untermischen. Mit Salz, Zitronensaft und Essig abschmecken und 1 Std. durchziehen lassen.

HALBGETROCKNETE TOMATEN

500 g Cocktailtomaten | 1 Knoblauchzehe | 4 EL Olivenöl | 2 EL italienische TK-Kräuter | 1 EL Aceto balsamico bianco | 1 EL Honig | Salz | Pfeffer | Cayennepfeffer (nach Belieben)

Braucht etwas Geduld

Für 4 Personen | 20 Min. Zubereitung |
2 Std. Trocknen | 15 Min. Abkühlen
Pro Portion ca. 130 kcal, 1 g EW, 10 g F, 8 g KH

1 Den Backofen auf 120° vorheizen. Cocktailtomaten waschen, trocken tupfen und halbieren. Knoblauch schälen und durchpressen, mit Öl, Kräutern, Essig und Honig verrühren. Mit Salz, Pfeffer und nach Belieben Cayennepfeffer würzen. Die Tomaten mit der Schnittfläche nach oben auf ein mit Backpapier ausgelegtes Blech legen und mit der Marinade bepinseln.

2 Die Tomaten im heißen Ofen (Mitte) etwa 2 Std. trocknen, dabei die Backofentür gelegentlich kurz öffnen, damit der Dampf entweichen kann. Die Tomaten aus dem Ofen nehmen, abkühlen lassen und servieren.

EINGELEGTE ARTISCHOCKEN

Saft und abgeriebene Schale von 2 Bio-Zitronen | 10 kleine Artischocken (ca. 700 g) | 100 ml + 2 EL Weißweinessig | 3 Zweige Rosmarin | 5 EL Zwiebelwürfel | 1 TL schwarze Pfefferkörner | Salz | 100 ml Olivenöl | 1 EL Honig | 2 Knoblauchzehen | Pfeffer

Kräuterfrische Gaumenschmeichler

Für 4 Personen |
1 Std. Zubereitung | 12 Std. Marinieren
Pro Portion ca. 295 kcal, 4 g EW, 25 g F, 10 g KH

1 ½ l Wasser mit 4 EL Zitronensaft mischen. Artischocken putzen, Stielansätze dünn schälen. Artischocken halbieren, »Stroh« entfernen, sofort in das vorbereitete Zitronenwasser einlegen. 1 l Wasser mit 100 ml Essig, Rosmarin, Zwiebelwürfeln, Pfefferkörnern und Salz aufkochen. Abgetropfte Artischocken im Sud 25 Min. garen, abgießen.

2 Öl mit Honig, restlichem Essig, Zitronenschale und 2 EL -saft verrühren. Knoblauch in Scheiben schneiden, dazugeben. Marinade salzen und pfeffern. Artischocken darin über Nacht marinieren.

GEFÜLLTE MINI-PAPRIKA

12 Mini-Paprika (ca. 300 g) | 3 Chilischoten | 150 ml + 1 EL Weißweinessig | 3 EL Zucker | 1 Knoblauchzehe | Salz | 180 g Ziegenfrischkäse | 1 TL Honig | Olivenöl | Pfeffer

Perfektes Überraschungshäppchen

Für 12 Stück |
25 Min. Zubereitung | 12 Std. Marinieren
Pro Stück ca. 90 kcal, 3 g EW, 6 g F, 5 g KH

1 Von den Paprika den Stielansatz abschneiden. Die Schoten entkernen und waschen. Chilis waschen und in Ringe schneiden. 300 ml Wasser, 150 ml Essig und Zucker aufkochen. Knoblauch schälen, in Scheiben schneiden und dazugeben, salzen. Paprika und Chilis aufkochen, vom Herd nehmen, zugedeckt 10 Min. ziehen lassen.

2 Frischkäse mit Honig, 2 EL Öl und 1 EL Essig glatt rühren, salzen und pfeffern, in einen Spritzbeutel mit Lochtülle füllen. Paprika und Chiliringe abgießen. Schoten mit Creme füllen, mit Chilis in ein Einmachglas (ca. 600 ml) füllen, mit Öl bedecken. Über Nacht durchziehen lassen.

GRATINIERTE ZUCCHINI-GARNELEN-RÖLLCHEN

Eine herzhafte Knusperkruste mit der Würze von Pecorino, Zitrone, Rosmarin und Knoblauch sorgt hier für das gewisse Etwas und macht die Garnelen unwiderstehlich.

1 Bio-Zitrone
3 Knoblauchzehen
16 TK-Garnelen (ca. 200 g; ohne Kopf und küchenfertig; mit MSC-Siegel)
2 Zucchini (à ca. 300 g)
Olivenöl (zum Braten)
1 Zweig Rosmarin
40 g altbackenes Weißbrot (z. B. Ciabatta)
30 g Pecorino (oder Parmesan; am Stück)
50 g Butter
Salz | Pfeffer

Einfach unwiderstehlich

Für 16 Stück |
30 Min. Zubereitung |
20 Min. Backen
Pro Stück ca. 65 kcal,
2 g EW, 5 g F, 2 g KH

1 Die Zitrone heiß waschen, trocken reiben, die Schale abreiben und den Saft auspressen. 1 Knoblauchzehe schälen, durchpressen und mit 2 EL Zitronensaft verrühren. Die noch gefrorenen Garnelen damit einpinseln und antauen lassen.

2 Zucchini waschen und abtrocknen. Jeweils der Länge nach auf beiden Seiten die Randscheiben dünn wegschneiden, dann die Zucchini in je acht Scheiben schneiden. Die Scheiben portionsweise von beiden Seiten in Öl anbraten, bis sie ganz leicht gebräunt sind, anschließend jeweils herausheben und auf Küchenpapier abtropfen lassen.

3 Für die Kruste Rosmarin waschen und trocken schütteln, die Nadeln abzupfen. Restlichen Knoblauch schälen. Brot und Käse klein schneiden oder zerbröckeln. Brot, Käse, Rosmarin, Knoblauch, Zitronenschale, 1 EL Zitronensaft und die Butter im Blitzhacker zermahlen. Die Masse mit Salz und Pfeffer abschmecken.

4 Den Backofen auf 220° vorheizen. Die angetauten Garnelen nach Belieben so schälen, dass das dekorative Schwanzstück am Körper bleibt. In die Zucchinischeiben einrollen, die Röllchen in eine Auflaufform legen. Von der Krustenmasse jeweils 1 TL abnehmen und auf die Zucchinischeiben drücken. Die Auflaufform in den Ofen (Mitte) schieben und die Röllchen in 15–20 Min. goldbraun überbacken.

5 Die Auflaufform aus dem Ofen nehmen, die Röllchen etwas abkühlen lassen. Noch warm oder kalt servieren, dafür Holzspießchen in die Röllchen stecken.

TAPAS

Als herzhafte Häppchen zu Bier und Wein werden spanische Tapas traditionell in Bars oder Bodegas serviert. Auch hierzulande haben die legendären Leckerbissen eine beeindruckende Karriere hingelegt und sind aus der hiesigen Gastroszene nicht mehr wegzudenken. Hier zeige ich Ihnen meine persönlichen Favoriten.

PAPRIKA-THUNFISCH-SALAT

je 1 rote und gelbe Paprikaschote | 2 EL Olivenöl | 1 EL Zucker | 1 rote Zwiebel | 1 Knoblauchzehe | 1–2 EL Weißweinessig | Cayennepfeffer | Salz | Pfeffer | 1 Dose Thunfisch (im eigenen Saft; mit MSC-Siegel; 130 g Abtropfgewicht) | ½ Bund Petersilie | 1 Orange

Urlaubsflirt

Für 4 Personen | 25 Min. Zubereitung
Pro Portion ca. 135 kcal, 9 g EW, 6 g F, 9 g KH

1 Die Paprikaschoten längs halbieren, weiße Trennwände und Kerne entfernen, Hälften waschen und in mundgerechte Stücke schneiden. 1 EL Öl in einer Pfanne erhitzen. Paprikastücke darin rundherum 3–4 Min. anbraten, sodass sie noch Biss haben. Den Zucker dazugeben und unter Rühren leicht karamellisieren. Die Paprikastücke in eine Schüssel umfüllen.

2 Zwiebel und Knoblauch schälen, die Zwiebel in Streifen schneiden, den Knoblauch fein würfeln. Beides mit 1 EL Essig, dem restlichen Öl und 1 Prise Cayennepfeffer zu den Paprikastücken geben, salzen und pfeffern und gründlich verrühren.

3 Den Thunfisch abtropfen lassen. Petersilie waschen, trocken schütteln, die Blätter abzupfen und grob hacken. Die Orange bis ins Fruchtfleisch schälen. Die Filets zwischen den Trennhäutchen herausschneiden. Den Orangenrest ausdrücken. Thunfisch, Petersilie sowie Orangenfilets und -saft mit den restlichen Salatzutaten in der Schüssel mischen und 5 Min. ziehen lassen.

4 Den Paprika-Thunfisch-Salat mit Essig, Salz, Pfeffer und Cayennepfeffer abschmecken und servieren. Dazu passt Baguette.

BOHNEN-CHORIZO-SALAT

1 Dose weiße Riesenbohnen (250 g Abtropfgewicht) | 50 g schwarze Oliven (ohne Stein) | ½ Jalapeño-Schote | 75 g Chorizo (span. Paprikawurst; ersatzweise Kabanossi) | 2 EL Olivenöl | 1 EL Weiß- oder Rotweinessig | 1 Msp. gemahlener Kreuzkümmel | 1 TL Zucker | Salz | Pfeffer | 3 Frühlingszwiebeln | 1 große Tomate

Mit würzig-scharfer Jalapeño-Note

Für 4 Personen |
15 Min. Zubereitung | 30 Min. Marinieren
Pro Portion ca. 215 kcal, 8 g EW, 16 g F, 10 g KH

1 Die Bohnen in ein Sieb abgießen, kalt abspülen und abtropfen lassen. Oliven in Ringe schneiden. Die Jalapeño-Schote entkernen, waschen und klein würfeln. Chorizo in Scheiben schneiden oder würfeln. 1 EL Öl in einer Pfanne erhitzen, die Wurst darin rundherum kurz anbraten.

2 Essig, restliches Öl, Kreuzkümmel und Zucker in einer Schüssel verrühren. Bohnen, Oliven, Jalapeño und Chorizo dazugeben, alles gründlich mischen, mit Salz und Pfeffer würzen und 30 Min. durchziehen lassen.

3 Frühlingszwiebeln putzen, waschen und in Ringe schneiden. Tomate waschen, halbieren und entkernen, dabei den Stielansatz entfernen. Die Tomatenhälften würfeln. Frühlingszwiebeln und Tomate unter den Salat mischen, salzen und pfeffern. Auf kleine Schälchen verteilen und servieren.

TIPP

Da Jalapeño-Schoten immer beliebter werden, sind sie mittlerweile auch im gut sortierten Supermarkt erhältlich. Sollten Sie dennoch keine frischen Schoten bekommen, greifen Sie stattdessen zu eingelegten Schoten aus dem Glas.

BASKISCHE PINTXOS

Im Baskenland heißen Tapas »Pintxos«, gesprochen »pintscho«, und kommen meist als üppig belegte Brote daher. Hier mein ganz persönlicher Beitrag zur Pintxo-Welt.

200 g TK-Garnelen (geschält und küchenfertig; mit MSC-Siegel)
4 EL Limettensaft
2 TL Honig | 3 EL Olivenöl
½ TL Cayennepfeffer
½ TL gemahlener Kreuzkümmel
Salz | Pfeffer
1 rote Zwiebel
2 Knoblauchzehen
150 g Cocktailtomaten
1 Avocado
½ Baguette
Außerdem:
12 kleine Holzspießchen

Aufsteiger im Tapas-Universum

Für 12 Pintxos |
30 Min. Zubereitung
Pro Stück ca. 125 kcal,
4 g EW, 6 g F, 13 g KH

1 Die Garnelen in ein Sieb geben, kalt abspülen und abtropfen lassen, dann beiseitestellen, bis sie angetaut sind. Limettensaft, Honig und 2 EL Öl mit Cayennepfeffer und Kreuzkümmel verrühren. Mit Salz und Pfeffer würzen. Zwiebel schälen, in Streifen schneiden und ca. 10 Min. in die Marinade einlegen.

2 Knoblauch schälen und in Scheiben schneiden. Restliches Öl in einer Pfanne erhitzen. Die Garnelen darin rundherum ca. 3–4 Min. anbraten, bis sie leicht gebräunt und knapp gar sind, dabei nach der Hälfte der Zeit den Knoblauch dazugeben.

3 Die Tomaten waschen und halbieren. Die Avocado halbieren und entkernen. Die Hälften schälen, noch einmal längs halbieren und dann quer in Scheiben schneiden. Tomaten und Avocado mit den marinierten Zwiebeln mischen. Alles noch einmal mit Salz, Pfeffer und Cayennepfeffer abschmecken.

4 Das Baguette in 12 Scheiben schneiden. Die Avocado-Tomaten-Salsa darauf verteilen. Die Knoblauch-Garnelen auf die Salsa legen und mit Holzspießchen feststecken.

VARIANTE **PINTXOS MIT JAKOBSMUSCHELN UND APFELTATAR**
1 Apfel und 50 g gemischte Oliven (ohne Stein) fein würfeln. Mit 1 EL Zitronensaft, 1 EL Olivenöl und 1 TL Honig verrühren, mit 1 TL Chiliflocken, Salz und Pfeffer abschmecken. 1 Handvoll Rucola klein zupfen und untermischen. 12 Jakobsmuscheln trocken tupfen und in 1 EL Öl 3 Min. braten, nach der Hälfte der Zeit wenden. Mit 1 EL Zitronensaft beträufeln, salzen und mit dem Apfeltatar auf Brotscheiben schichten.

PIMIENTOS PADRÓN

200 g Pimientos Padrón (nach Belieben auch die doppelte Menge, ersatzweise milde Peperoni) | 200 ml Olivenöl (zum Frittieren) | Fleur de Sel (oder grobes Meersalz)

Ganz easy

Für 4 Personen | 10 Min. Zubereitung
Pro Portion ca. 40 kcal, 1 g EW, 3 g F, 2 g KH

1 Die Pimientos waschen und gründlich trocken tupfen, damit es beim Frittieren nicht zu stark spritzt. Das Öl in einem weiten Topf erhitzen. Die Pimientos darin rundherum frittieren, bis die Haut Blasen wirft und die Schoten an wenigen Stellen gebräunt sind.

2 Die Schoten mit einem Schaumlöffel herausheben und auf Küchenpapier abtropfen lassen. In Schälchen oder auf einer Platte anrichten und mit Fleur de Sel bestreuen.

PATATAS AIOLI

800 g festkochende Kartoffeln | 400 – 450 ml Olivenöl | 2 Eigelb | 2 Knoblauchzehen | 1– 2 EL Limettensaft | Salz | 50 g saure Sahne | ½ EL gehackte Petersilie

Achtung: Knoblauch!

Für 4 Personen | 20 Min. Zubereitung
Pro Portion ca. 230 kcal, 4 g EW, 13 g F, 25 g KH

1 Kartoffeln schälen, vierteln und in dicke Scheiben schneiden. In 2 Pfannen je 1 cm hoch Öl erhitzen, Kartoffeln darin bei nicht zu starker Hitze rundherum in ca. 8 – 10 Min. hellbraun frittieren.

2 Für die Aioli sollten alle Zutaten zimmerwarm sein. Eigelbe, geschälten Knoblauch, 1 EL Limettensaft, 1 Prise Salz und 100 ml Öl in einem hohen Rührbecher mit dem Stabmixer cremig schlagen, saure Sahne unterrühren. Kartoffeln auf Küchenpapier abtropfen lassen. Aioli mit Salz und Limettensaft abschmecken und mit Petersilie bestreuen, zusammen mit den Kartoffeln servieren.

WALNUSS-SPECK-DATTELN

10 entsteinte Datteln (ca. 90 g) | 40 Walnusshälften (ca. 120 g) | 20 Scheiben Frühstücksspeck (Bacon; ca. 140 g) | 20 kleine Holzspießchen (Zahnstocher)

Knackige Klassikervariation

Für 20 Stück |
10 Min. Zubereitung | 17 Min. Backen
Pro Stück ca. 70 kcal, 2 g EW, 6 g F, 4 g KH

1 Den Backofen auf 200° vorheizen. Die Datteln halbieren, jeweils 1 Dattelhälfte zwischen 2 Walnusshälften drücken und jeweils in 1 Scheibe Frühstücksspeck einrollen.

2 Die Röllchen im heißen Backofen (Mitte) auf dem mit Backpapier ausgelegten Blech etwa 15–17 Min. backen, bis der Speck leicht knusprig ist. Das Blech aus dem Ofen nehmen, die Röllchen etwas abkühlen lassen. In Schälchen servieren, dazu Holzspießchen zum Aufspießen reichen.

GRILLGEMÜSE MIT MOJO VERDE

1 Bund Koriandergrün | 2 Bund Petersilie | 3 Knoblauchzehen | 2 grüne Chilischoten | 100 ml + 2 EL Olivenöl | 3 EL Weißweinessig | 1–2 TL Honig | 1 Msp. gemahlener Kreuzkümmel | Salz | 800 g mediterranes Gemüse (Aubergine, Zucchino, Paprika, rote Zwiebel)

Grüße von den Kanaren

Für 4 Personen |
15 Min. Zubereitung | 15 Min. Grillen
Pro Portion ca. 340 kcal, 3 g EW, 31 g F, 10 g KH

1 Koriander und Petersilie waschen und trocken schütteln, Blätter abzupfen. Knoblauch schälen. Chilischoten längs halbieren, entkernen und waschen. Alles mit 100 ml Öl, Essig, 1 TL Honig, Kreuzkümmel und 1 Prise Salz mischen und fein pürieren. Mit Salz und Honig abschmecken.

2 Gemüse waschen, in mundgerechte Stücke oder Scheiben schneiden, mit restlichem Öl bepinseln und auf dem heißen Grill garen, bis die Gemüsestücke weich und leicht gebräunt sind. Mit dem Mojo beträufeln und servieren.

ZIEGENKÄSE MIT APRIKOSENSALSA

Die katalonischen Tapas werden stark von der französischen Küche beeinflusst. So wird in Barcelona auch »Chèvre chaud« in Begleitung von fruchtiger Salsa zur Tapa.

Für die Aprikosensalsa:
250 g Aprikosen
½ Knoblauchzehe
1 Schalotte
1 getrocknete rote Chilischote
1 EL Olivenöl
1 TL Weißweinessig
4 EL Honig
1 TL Limettensaft
Salz

Für den Ziegenkäse:
1 Zweig Rosmarin
300 g Ziegenweichkäserolle

Für laue Sommerabende

Für 4 Personen |
40 Min. Zubereitung
Pro Portion ca. 325 kcal,
13 g EW, 19 g F, 23 g KH

1 Für die Aprikosensalsa die Aprikosen waschen, halbieren und entsteinen. Aprikosenhälften klein würfeln. Knoblauch und Schalotte schälen und fein würfeln. Die Chilischote fein hacken.

2 In einem Topf ½ EL Öl erhitzen, Schalotte, Knoblauch und Chili darin andünsten. Die Aprikosenwürfel hinzufügen und 5 Min. mitbraten, bis sie weich sind. Essig, 1 EL Honig und Limettensaft unterrühren, salzen und vom Herd nehmen.

3 Rosmarin waschen, trocken schütteln, die Nadeln abzupfen und fein hacken. Übriges Öl in einer beschichteten Pfanne erhitzen. Ziegenkäse in acht Scheiben schneiden und auf beiden Seiten anbraten, bis sie außen leicht gebräunt und innen weich sind.

4 Die Salsa mittig auf Teller setzen, nach Belieben 1 oder 2 Käsescheiben daneben setzen. Restlichen Honig mit dem Rosmarin in der Pfanne einmal aufkochen lassen. Mit einem Löffel über und neben den Käse träufeln. Dazu passt Baguette.

VARIANTE

ZIEGENKÄSE MIT MORCILLA
Sehr beliebt als Tapa ist Blutwurst – spanisch »morcilla« – in Kombination mit Ziegenkäse: Für 4 Personen den Backofen auf 220° vorheizen. 150 g Morcilla in acht dicke Scheiben schneiden. 150 g Ziegenweichkäserolle in acht Scheiben schneiden. Zwei Scheiben Vollkorntoast toasten und vierteln. 1 Knoblauchzehe halbieren, die Toaststücke damit einreiben. Dann mit Blutwurst und Ziegenkäse belegen, je 1 TL Feigenmarmelade daraufgeben. Im Ofen (Mitte) in 5 – 8 Min. überbacken.

GEBRATENE PILZE MIT MANCHEGO

½ Bund Thymian | 250 g gemischte Pilze (z. B. Champignons, Pfifferlinge, Steinpilze, Kräuterseitlinge) | 2 frische Knoblauchzehen | 100 g Weißbrot (z. B. mediterranes Landbrot) | 80 g Manchego (ersatzweise Grana Padano) | 2 EL Olivenöl | 1 EL Brandy (ersatzweise Weinbrand) | 1 EL Aceto balsamico bianco | 1 EL Butter | Salz | Pfeffer

Thymianwürzig

Für 4 Personen | 25 Min. Zubereitung
Pro Portion ca. 230 kcal, 9 g EW, 15 g F, 13 g KH

1 Den Thymian waschen und trocken schütteln. Die Blättchen abzupfen und grob hacken. Die Pilze putzen, trocken abreiben und in dicke Scheiben schneiden, bei den Pfifferlingen nur große Exemplare halbieren. Knoblauch fein würfeln, Brot sehr klein würfeln, den Manchego hobeln.

2 In einer Pfanne 1 EL Öl erhitzen. Das Brot darin rundherum knusprig braun braten, dann wieder herausnehmen. In derselben Pfanne das restliche Öl erhitzen, die Pilze darin ohne Wenden ca. 3 Min. anbraten. Dann die Pfanne hin und her schwenken und die Pilze weitere 2 Min. braten.

3 Knoblauch und Thymian hinzufügen, die Pfanne erneut schwenken und die Pilze kurz weiterbraten. Erst mit dem Brandy, dann mit dem Essig ablöschen, die Pfanne erneut schwenken und die Flüssigkeit verkochen lassen. Butter in der Pfanne schmelzen lassen und erneut schwenken, salzen und pfeffern. Zuletzt das Brot zugeben.

4 Die Pilze auf vier Schälchen oder einen großen Teller verteilen. Mit dem Käse bestreuen und servieren. Dazu passt Baguette.

PINCHOS MORUNOS

½ Döschen Safran | 2 Knoblauchzehen | 1 TL edelsüßes Paprikapulver | 1 TL gemahlener Kreuzkümmel | ½ TL gemahlener Koriander | 2 EL gehackte Petersilie | 1 TL getrockneter Oregano | 2 EL Zitronensaft | 4 EL Olivenöl | Salz | Pfeffer | 500 g Hähnchenbrust oder mageres Lamm- bzw. Schweinefleisch | Holzspieße

Maurische Fleischspieße

Für 4 Personen | 30 Min. Zubereitung | 24 Std. Marinieren | 5 – 8 Min. Grillen
Pro Portion ca. 275 kcal, 28 g EW, 18 g F, 1 g KH

1 Am Vortag für die Marinade die Safranfäden mit 2 EL heißem Wasser verrühren und etwas quellen lassen. Den Knoblauch schälen und fein würfeln. Beides mit den übrigen Gewürzen, den Kräutern, Zitronensaft und Öl verrühren. Mit etwas Salz und Pfeffer würzen.

2 Das Fleisch trocken tupfen, in mundgerechte Würfel schneiden, mit der Marinade vermengen und zugedeckt im Kühlschrank 1 Tag marinieren.

3 Die Holzspieße 1 Std. wässern. Die marinierten Fleischwürfel auf die Spieße stecken. Bei starker Hitze auf dem Holzkohlegrill rundherum 5 – 8 Min. grillen, bis das Fleisch gut gebräunt ist. Alternativ in der Pfanne in etwas Öl braten. Die fertigen Spieße mit Salz und Pfeffer würzen, auf Tellern anrichten und sofort servieren.

TIPP

Da die Spießchen bereits würzig mariniert sind, werden sie in Spanien traditionell ohne Sauce serviert. Wer auf Sauce nicht verzichten kann, serviert dazu Mojo verde (siehe S. 27) oder scharfe Zhug-Sauce (siehe S. 46) aus dem Mezze-Universum.

MEJILLONES A LA MARINERA

Miesmuscheln in Tomatensauce habe ich das erste Mal auf Mallorca gegessen – ohne große Begeisterung. Daher habe ich eine eigene Version entwickelt, die mir viel besser schmeckt!

Für die Tomatensauce:
1 Zwiebel
3 Knoblauchzehen
5 EL Olivenöl
1–2 TL Honig
1 Dose stückige Tomaten (400 g)

Für die Miesmuscheln:
500 g TK-Miesmuscheln
1 TL schwarze Pfefferkörner
1 Lorbeerblatt
200 ml trockener Weißwein (z.B. Riesling)
Salz
4 schwarze Oliven (ohne Stein)
1 TL eingelegte Kapern
1 Stiel Petersilie
Pfeffer
½–1 EL Zitronensaft

Getunter Klassiker

Für 4 Personen | 40 Min. Zubereitung
Pro Portion ca. 215 kcal,
4 g EW, 15 g F, 9 g KH

1 Für die Tomatensauce die Zwiebel und 1 Knoblauchzehe schälen, beides fein würfeln und in einem Topf in 4 EL Öl andünsten. 1 TL Honig dazugeben und kurz mitdünsten, dann Tomaten hinzufügen, aufkochen und alles bei mittlerer Hitze etwa 15 Min. dicklich einkochen lassen.

2 Inzwischen die Miesmuscheln in ein Sieb geben und kalt abspülen (dabei öffnen sich die Muscheln leicht!). Die restlichen Knoblauchzehen schälen und in Scheiben schneiden. Restliches Öl in einem weiten Topf erhitzen, den Knoblauch und die Pfefferkörner darin andünsten. Das Lorbeerblatt hinzufügen, mit dem Wein ablöschen, salzen, alles aufkochen. Die Muscheln in den Topf geben, zugedeckt erneut aufkochen und 5 Min. kochen lassen, dabei immer wieder am Topf rütteln.

3 Inzwischen Oliven und Kapern fein hacken. Die Petersilie waschen, trocken schütteln, die Blätter abzupfen und fein hacken. Die Muscheln in ein Sieb abgießen, dabei den Sud auffangen. Den Sud zusammen mit Kapern und Oliven zu den Tomaten geben und erneut ca. 10 Min. dicklich einkochen lassen.

4 Von den Muscheln jeweils eine Schalenhälfte entfernen. Die anderen Hälften auf eine Servierplatte legen. Die Tomatensauce mit Salz, Pfeffer, Honig und Zitronensaft abschmecken. Die Sauce mit einem Esslöffel großzügig auf jede Muschel träufeln. Mit der Petersilie bestreuen und servieren. Zum Dippen der Sauce Baguette reichen.

MEZZE

Libanon und Syrien sind die Hochburgen für orientalische Vorspeisen, aber auch in der Türkei und in Israel wird sich gerne an einer reichen Auswahl an Vorspeisen bedient, sodass das Hauptgericht schon einmal ausfallen kann. Kein Wunder bei der überbordenden Vielfalt von aromatischen, würzigen und scharfen Köstlichkeiten, die sich auf einer Mezzeplatte tummeln!

FATTOUSH MIT GRANATAPFEL

150 g Salatgurke | 250 g Tomaten | ½ Granatapfel | 70 g Babyspinat | je ½ Bund Minze und Petersilie | 2 EL Zitronensaft | 1 EL Weißweinessig | 2 TL Honig | 1 EL + 100 ml Olivenöl | 1–2 TL Sumach (siehe Info) | Salz | Pfeffer | 1 dünnes arabisches Fladenbrot (ca. 65 g)

Salatklassiker mit Knuspergarantie

Für 4 Personen | 20 Min. Zubereitung
Pro Portion ca. 435 kcal, 4 g EW, 28 g F, 41 g KH

1 Die Gurke waschen, längs halbieren, entkernen und in Scheiben schneiden. Tomaten waschen und würfeln, dabei den Stielansatz entfernen. Kerne aus dem Granatapfel lösen, weiße Häutchen entfernen. Spinat waschen, trocken schleudern, grobe Stiele entfernen. Kräuter waschen, trocken tupfen, die Blätter abzupfen und in Streifen schneiden. Alle vorbereiteten Zutaten mischen.

2 Für das Dressing Zitronensaft, Essig, Honig, 1 EL Öl und Sumach verrühren. Mit Salz und Pfeffer würzen, mit dem Salat mischen. Fladenbrot klein zupfen. Restliches Öl in einer Pfanne erhitzen, das Brot darin knusprig braun ausbacken. Auf Küchenpapier abtropfen lassen.

3 Salat erneut mit Salz und Pfeffer abschmecken, Brot untermischen, auf vier Schälchen verteilen und sofort servieren.

INFO

Sumach besteht aus den geschroteten roten Steinfrüchten des Sumachbaums. Der Geschmack ist fruchtig, leicht herb, mit einer angenehmen Säure. Da er im gesamten östlichen Mittelmeerraum sehr beliebt ist, ist Sumach sowohl in türkischen als auch in arabischen Lebensmittelgeschäften erhältlich.

HALLOUMI-KICHERERBSEN-SALAT

50 g Rosinen | 1 rote Zwiebel | 1 EL Weißweinessig | 2 EL Zitronensaft | 3 EL Olivenöl | ½ TL gemahlener Kreuzkümmel | Salz | Pfeffer | 1 Dose Kichererbsen (265 g Abtropfgewicht) | 1 Salatgurke | 40 g getrocknete Tomaten (in Öl) | 1 Bund Petersilie | 250 g Halloumi (Grillkäse)

Zu jeder Jahreszeit ein Genuss

Für 4 Personen | 25 Min. Zubereitung
Pro Portion ca. 390 kcal, 18 g EW, 25 g F, 19 g KH

1 Die Rosinen 10 Min. in heißem Wasser einweichen. Die Zwiebel schälen und in Streifen schneiden. Essig, 1 EL Zitronensaft, 2 EL Öl und Kreuzkümmel verrühren. Mit Salz und Pfeffer würzen. Die Zwiebel darin 10 Min. marinieren.

2 Die Kichererbsen in ein Sieb abgießen, kalt abspülen und abtropfen lassen. Die Gurke waschen, längs halbieren, entkernen, noch einmal halbieren und in Scheiben schneiden. Tomaten abtropfen lassen und klein würfeln. Petersilie waschen und trocken schütteln, die Blätter abzupfen und in Streifen schneiden. Rosinen in ein Sieb abgießen und abtropfen lassen. Alle vorbereiteten Zutaten mit den marinierten Zwiebeln mischen.

3 Den Halloumi in Scheiben schneiden. Restliches Öl in einer Pfanne erhitzen, den Halloumi darin von beiden Seiten goldbraun braten. Den Salat erneut mit Salz und Pfeffer abschmecken und auf Schälchen verteilen. Den Halloumi mit dem restlichen Zitronensaft beträufeln, darauf anrichten und sofort servieren.

LAMMFLEISCH-HUMMUS-BROTE

Gebratenes Lamm mit Hummus wird überall im Orient geschätzt. Auch ich bin dieser Kombination sofort verfallen und serviere sie gerne auf knusprigem Fladenbrot.

1 Bio-Zitrone
5 EL Olivenöl
2 TL Za'atar (türkischer Supermarkt; siehe Tipp)
3 Knoblauchzehen
250 g Lammhüftsteaks
1 Dose Kichererbsen (265 g Abtropfgewicht)
80 g Tahin (Sesammus)
½ TL gemahlener Kreuzkümmel
1 Msp. Cayennepfeffer
Salz | Pfeffer
1 Bund Petersilie
1 türkisches Fladenbrot (ca. 200 g)
30 g Pinienkerne

Von der Hand in den Mund

Für 16 Stück | 30 Min. Zubereitung
Pro Stück ca. 130 kcal,
6 g EW, 10 g F, 9 g KH

1 Zitrone heiß waschen, trocken reiben, Schale abreiben, Saft auspressen. 2 EL Öl, Za'atar und Zitronenschale verrühren, 1 Knoblauchzehe schälen und dazupressen. Fleisch in Streifen schneiden, mit der Marinade mischen, 30 Min. ziehen lassen.

2 Für das Hummus die Kichererbsen in ein Sieb abgießen, kalt abspülen und abtropfen lassen. Restlichen Knoblauch schälen und grob würfeln. Im Blitzhacker Kichererbsen, Knoblauch, Tahin, 4 EL Zitronensaft, 70 ml Wasser, 2 EL Öl, Kreuzkümmel und Cayennepfeffer fein pürieren. Mit Salz und Pfeffer abschmecken.

3 Den Backofen auf 200° vorheizen. Petersilie waschen und trocken schütteln, die Blätter abzupfen. Das Brot 5 Min. im heißen Backofen aufbacken. Inzwischen restliches Öl in einer Pfanne erhitzen, das Fleisch darin rundherum anbraten, Petersilie und Pinienkerne kurz mitbraten, mit Salz, Pfeffer und etwas Zitronensaft abschmecken und vom Herd nehmen.

4 Das Brot in 16 Stücke schneiden und auf eine Servierplatte legen. Brotscheiben jeweils mit 1 gehäuften TL Hummus bestreichen, mit dem Fleisch belegen, mit der Pinienkernmischung bestreuen und sofort servieren.

TIPP Za'atar ist eine Gewürzmischung, die von Nordafrika bis in die Türkei verwendet wird. Mir schmeckt es am besten so: 2 EL Sesamsamen anrösten, beiseitestellen. Je 1 TL Kreuzkümmel- und Koriandersamen sowie ½ TL Fenchelsamen anrösten. Die Gewürze fein zermahlen. Sesamsamen zugeben und mit 2 EL Thymian, je 1 EL Oregano und Majoran, 2 TL Sumach (siehe Info S. 36) und ½ TL Meersalz mischen.

LABNÉ

1 TL bunte Pfefferkörner | 1 Knoblauchzehe | 500 g Naturjoghurt | 2 EL Limettensaft | 1 TL Meersalz | 1 EL Olivenöl | 1 EL gemischte gehackte Kräuter (Dill, Minze, Petersilie)

Cremig-frischer Dip-Genuss

Für 4 Personen |
10 Min. Zubereitung | 24 Std. Abtropfen
Pro Portion ca. 105 kcal, 4 g EW, 7 g F, 5 g KH

1 Pfefferkörner im Mörser grob zerstoßen. Den Knoblauch schälen und durchpressen. Joghurt mit Knoblauch, Pfeffer, Limettensaft und Meersalz verrühren. Ein Sieb über einen Topf hängen und mit einem Küchentuch auslegen. Den Joghurt einfüllen, die Ränder des Tuchs darüberklappen. Einen Deckel darauflegen, alles 24 Std. kühl stellen.

2 Die abgetropfte Joghurtcreme in ein Schälchen füllen und glatt streichen. Mit Öl beträufeln, mit den Kräutern bestreuen. Um Bällchen zu formen, muss der Labné weitere 24 Stunden abtropfen. Dann mit einem Esslöffel Nocken abstechen und nach Belieben in Kräutern wälzen.

MARINIERTE MÖHREN

600 g Möhren | 200 g getrocknete Aprikosen | 2 Knoblauchzehen | 2 EL Olivenöl | 40 g Pinienkerne | 1 TL Zucker | 1½ EL Weißweinessig | 1 EL Zitronensaft | Salz | Pfeffer | 2 EL gehackte Minze

Minzfrischer Mezze-Spaß

Für 4 Personen | 20 Min. Zubereitung
Pro Portion ca. 270 kcal, 5 g EW, 11 g F, 34 g KH

1 Die Möhren schälen, längs vierteln, dann quer halbieren. In einem Topf mit Dämpfeinsatz über kochendem Wasser 2 Min. dämpfen, dann abgießen, kalt abschrecken und abtropfen lassen.

2 Aprikosen halbieren, Knoblauch schälen und in Scheiben schneiden. Öl in einer Pfanne erhitzen, Möhren, Aprikosen und Pinienkerne darin 3 Min. andünsten. Knoblauch dazugeben und 2 Min. mitdünsten. Zucker hinzufügen und etwas karamellisieren lassen, dann mit Essig und Zitronensaft ablöschen, etwas einkochen lassen und vom Herd nehmen. Die Möhren mit Salz und Pfeffer abschmecken, die Minze untermischen.

MUHAMMARA

400 g eingelegte rote Grillpaprika (aus dem Glas) | 1 rote Chilischote | 30 g Walnüsse | 1 Knoblauchzehe | 4 EL Semmelbrösel | 4 EL Olivenöl | 1 TL gemahlener Kreuzkümmel | 2 TL Granatapfelsirup (ersatzweise Ahornsirup) | Salz | Pfeffer

Syrischer Dip-Klassiker

Für 4 Personen | 15 Min. Zubereitung
Pro Portion ca. 235 kcal, 3 g EW, 16 g F, 17 g KH

1 Die eingelegten Paprikaschoten in ein Sieb geben, gut abtropfen lassen und klein schneiden. Die Chilischote längs halbieren, entkernen, waschen und grob hacken. Walnüsse grob zerbröckeln, in einer Pfanne leicht anrösten. Den Knoblauch schälen und grob würfeln.

2 Paprika, Chili, Walnüsse, Knoblauch und Semmelbrösel mit Öl, Kreuzkümmel, Granatapfelsirup bzw. Ahornsirup und 1 TL Salz im Blitzhacker zu einer glatten Paste pürieren. Kräftig mit Salz und Pfeffer abschmecken.

MARINIERTE ROTE BETEN

40 g Pistazien | 2 Knoblauchzehen | 500 g vorgekochte Rote Beten (vakuumiert) | 2 EL Olivenöl | 4 EL getrocknete Berberitzen | 2 EL Honig | 2 EL Limettensaft | 1 EL Weißweinessig | Salz | Pfeffer | 3 Stiele Dill

Schnell aus dem Vorrat gezaubert

Für 4 Personen |
20 Min. Zubereitung | 15 Min. Marinieren
Pro Portion ca. 200 kcal, 4 g EW, 11 g F, 21 g KH

1 Pistazien in einer Pfanne anrösten, herausnehmen. Den Knoblauch schälen, vierteln und in Scheiben schneiden. Die Roten Beten abtropfen lassen, vierteln und in Spalten schneiden.

2 Den Knoblauch im heißen Öl kurz andünsten. Rote Beten und Berberitzen dazugeben und mitbraten. Honig dazugeben und aufwallen lassen, Pistazien hinzufügen, mit Limettensaft und Essig ablöschen, salzen und pfeffern. Alles 15 Min. durchziehen lassen. Dill waschen, trocken schütteln und fein hacken. Mit den Roten Beten mischen und auf Schälchen verteilen.

SAMBUSAK MIT SPINAT UND SCHAFSKÄSE

Gefüllte Teigtaschen im Sambusak-Style ganz unterschiedlich gefüllt gibt es von Afrika über den arabischen Kulturraum und Israel bis nach Indien.

Für die Teigtaschen:
200 g Weizenmehl + Mehl zum Arbeiten
1 ½ EL Olivenöl
Salz

Für die Füllung:
125 g junger Spinat
1 EL Butter
10 g Dill
40 g Walnusskerne
75 g Feta (griechischer Schafskäse)
1–2 Knoblauchzehen
1 Bio-Zitrone
1 EL getrocknete Berberitzen (aus dem arabischen Lebensmittelladen; ersatzweise gehackte Cranberrys)
1 TL Honig
Salz | Pfeffer
2 Eier (Größe M)
2 TL geröstete Sesamsamen
½ TL Schwarzkümmel

Streetfood aus Nahost 🌿

Für 12 Stück | 45 Min. Zubereitung | 30 Min. Backen
Pro Stück ca. 150 kcal, 6 g EW, 8 g F, 15 g KH

1 Für den Teig 200 g Mehl, 1 EL Öl und ½ TL Salz in eine Schüssel häufen. 125 ml Wasser dazugeben und alles mit den Händen in ca. 5 Min. zu einem glatten Teig kneten. Zu einer Kugel formen, mit dem restlichen Öl bepinseln und 15 Min. ruhen lassen.

2 Für die Füllung den Spinat waschen und trocken schleudern, grobe Stiele entfernen. Spinat mit der Butter in einem Topf zusammenfallen lassen, in ein Sieb abgießen und abtropfen lassen.

3 Dill waschen und trocken tupfen, die Spitzen abzupfen und fein hacken. Walnüsse grob hacken, Feta zerbröckeln. Knoblauch schälen und fein würfeln. Den Spinat etwas ausdrücken und grob hacken. Die Zitrone heiß waschen und trocken reiben, die Schale abreiben, den Saft auspressen.

4 Spinat, Feta, Walnüsse, Knoblauch und Dill mit Berberitzen, Honig, Zitronenschale und 1 EL -saft mischen. Dann mit Salz, Pfeffer und Zitronensaft kräftig abschmecken. 1 Ei trennen, das Eiweiß und das übrige Ei unter die Füllung rühren.

5 Den Backofen auf 200° vorheizen. Den Teig in 12 Portionen teilen, auf der bemehlten Arbeitsfläche zu 10-12 cm großen Kreisen ausrollen. Die Füllung auf eine Hälfte der Kreise setzen. Das übrige Eigelb verquirlen, die Teigränder dünn damit bestreichen. Die leeren Teighälften über die Füllung klappen, verschließen und mit einer Gabel Rillen in den Rand drücken.

6 Die Teigtaschen auf ein mit Backpapier ausgelegtes Blech legen. Mit dem restlichen Eigelb bestreichen, mit Sesam und Schwarzkümmel bestreuen. Im Ofen (Mitte) 25–30 Min. backen.

ROTE-BETE-FALAFEL

250 g getrocknete Kichererbsen | 3 Knoblauchzehen | 1 Bio-Zitrone | ½ Bund Petersilie | 125 g Rote Bete | je 1 TL gemahlener Koriander und Kreuzkümmel | 1 EL Weizenmehl | Salz | Pfeffer | Pflanzenfett zum Frittieren

Purpurrote Überraschung

Für 16 Stück | 40 Min. Zubereitung | mind. 12 Std. Einweichen
Pro Stück ca. 80 kcal, 3 g EW, 3 g F, 9 g KH

1 Am Vortag Kichererbsen mit reichlich Wasser bedecken und über Nacht einweichen lassen.

2 Am nächsten Tag den Knoblauch schälen und grob klein schneiden. Die Zitrone heiß waschen und trocken reiben, die Schale abreiben, den Saft auspressen. Petersilie waschen und trocken schütteln, die Blätter abzupfen. Rote Bete schälen und fein raspeln. Kichererbsen in ein Sieb abgießen, kalt abspülen und gut abtropfen lassen.

3 Kichererbsen, Rote Bete, Knoblauch, Petersilie, Zitronenschale und 4 EL Zitronensaft mit den Gewürzen, Mehl und etwas Salz und Pfeffer fein pürieren. Die Falafelmasse mit Zitronensaft, Salz und Pfeffer abschmecken, 10 Min. ziehen lassen.

4 Das Fett in einem Topf 5 cm hoch erhitzen. Aus der Falafelmasse mit zwei Esslöffeln Nocken abstechen und 16 Bällchen formen. Mit einem Holzstäbchen testen, ob das Fett heiß genug ist: Steigen daran beim Hineinhalten sofort Bläschen auf, ist das Fett heiß genug. Die Bällchen in drei Portionen in ca. 4–5 Min. rundherum knusprig frittieren. Auf Küchenpapier abtropfen lassen. Dazu passt ein Joghurtdip, Sesamsauce oder – für alle, die es scharf mögen – Zhug-Sauce (siehe S. 46).

KAFTA-KEBABS

½ Bund Petersilie | 30 g Datteln (ohne Stein) | 3 Knoblauchzehen | 70 g geröstete Pistazien | 400 g Rinder- oder Lammhackfleisch | 4 EL Olivenöl | 1 TL gemahlener Kreuzkümmel | je ½ TL gemahlener Koriander und Cayennepfeffer | 1 Msp. Zimtpulver | Salz | Pfeffer | ½ Zitrone | 8 Holz- oder Metallspieße (ca. 15 cm)

Orientalisch-würzige Fleischspieße

Für 8 Spieße | 25 Min. Zubereitung
Pro Portion ca. 220 kcal, 14 g EW, 16 g F, 4 g KH

1 Holzspieße 30 Min. wässern. Petersilie waschen, trocken schütteln und fein hacken. Datteln ebenfalls fein hacken. Knoblauch schälen und fein würfeln. Die Pistazien schälen und grob hacken.

2 Alle vorbereiteten Zutaten mit dem Hackfleisch, 2 EL Öl, den Gewürzen, 1 TL Salz und etwas Pfeffer vermengen. Die Masse in acht Portionen teilen, daraus etwa 2 cm dicke, längliche Frikadellen formen. Die Spieße aus dem Wasser nehmen und die Frikadellen der Länge nach daraufspießen.

3 Restliches Öl in einer großen Pfanne erhitzen, die Kafta darin etwa 4–5 Min. von beiden Seiten braun braten. Auf Küchenpapier abtropfen lassen, mit etwas Zitronensaft beträufeln und servieren. Alternativ auf dem Grill garen. Dazu passt Cacik (türkisches Zaziki; siehe Tipp), Muhammara (siehe S. 41) oder Zhug-Sauce (siehe S. 46).

TIPP

Für Cacik türkischen Joghurt mit geraspelter Gurke und fein gehacktem Knoblauch mischen. Mit Salz, Essig und Olivenöl abschmecken. Nach Geschmack gehackte Minze und/oder Dill unterrühren.

HALLOUMI-SPIESSE MIT ZHUG-SAUCE

Ihren Ursprung hat die im Original sehr scharfe Zhug-Sauce im Jemen. Mittlerweile ist sie jedoch auch aus der israelischen Küche nicht mehr wegzudenken.

Für die Zhug-Sauce:
50 g Jalapeño-Schoten
2 Stiele Minze
50 g Koriandergrün
2 frische Knoblauchzehen
2 EL Limettensaft
2 EL Olivenöl
½ TL Zucker | Salz
Für die Halloumi-Spieße:
400 g Halloumi (zyprischer Grillkäse)
16 große Cocktail- oder Datteltomaten (ca. 300 g)
1 Zucchino (ca. 150 g)
Außerdem:
8 Holzspieße (à ca. 20 cm)

Scharf und kräuterfrisch

Für 8 Spieße |
30 Min. Zubereitung |
30 Min. Marinieren
Pro Spieß ca. 215 kcal,
12 g EW, 16 g F, 4 g KH

1 Die Holzspieße 30 Min. in Wasser einlegen. Für die Sauce die Chilis längs halbieren, nach Belieben entkernen, waschen und grob zerkleinern. Minze und Koriander waschen und trocken tupfen, die Blätter abzupfen. Knoblauch schälen und würfeln.

2 Die vorbereiteten Zutaten mit Limettensaft, Öl und Zucker in den Blitzhacker geben, mit Salz würzen und pürieren. Die Sauce mit Salz abschmecken.

3 Den Halloumi in 16 gleich große Würfel schneiden. Tomaten waschen. Zucchino in 8 dicke Scheiben schneiden. Je 2 Halloumistücke, 2 Tomaten und 1 Zucchinischeibe abwechselnd auf die Spieße stecken. Die Spieße dünn mit dem Zhug bepinseln und 30 Min. marinieren.

4 Den Grill anheizen. Die Spieße trocken tupfen und auf dem heißen Grill rundherum goldbraun grillen. Mit der restlichen Zhug-Sauce servieren. Für die alternative Zubereitung in der Pfanne die Zutaten nicht auf Spieße stecken, trotzdem mit Zhug bepinseln und 30 Min. marinieren. Dann wieder trocken tupfen. Zucchinischeiben in Öl 30 Sek. anbraten, Halloumi und Tomaten dazugeben und fertig braten. Auf Teller verteilen und mit Zhug servieren. Vorsicht bei der Zubereitung: Die Chilidämpfe beim Braten und Grillen können in den Augen brennen.

INFO Im Original werden noch schärfere Chilis verwendet, was für den westlichen Gaumen nur schwer erträglich ist. Daher habe ich diese leicht »entschärfte« Version entwickelt – mit würzigen Jalapeño-Schoten als Basis.

»HÄPPCHEN«

Mit der steigenden Popularität von Antipasti, Tapas und Co. wächst auch hierzulande stetig die Lust auf Hochgenuss in Häppchenform. Und warum immer in die Ferne schweifen, wenn das Gute so nah liegt? Ich bringe mittlerweile genauso gerne hervorragende einheimische Produkte als deutsche Version der südländischen Spezialitäten auf den Tisch!

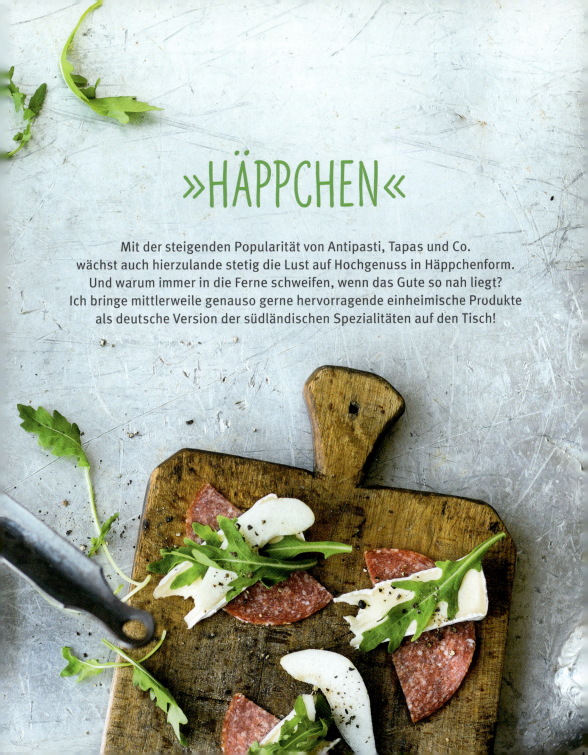

ERDBEEREN MIT ZIEGENFRISCHKÄSE

1 Bund gemischte Kräuter (z. B. Basilikum und Zitronenmelisse) | 120 g Ziegenfrischkäsetaler | 2 TL eingelegte grüne Pfefferkörner | Salz | 16 mittelgroße Erdbeeren (ca. 300 g) | 16 kleine Holzspießchen (Zahnstocher)

Perfekt für den Sektempfang

Für 16 Spießchen | 20 Min. Zubereitung
Pro Stück ca. 10 kcal, 1 g EW, 1 g F, 0 g KH

1 Die Kräuter waschen und trocken schütteln. Die Blätter abzupfen, fein hacken und auf einen Teller häufen. Ziegenkäse mit einer Gabel zerdrücken. Die Pfefferkörner grob hacken und untermischen, nach Belieben etwas salzen.

2 Aus dem Käse mit den Händen 16 kleine Kugeln formen. Die Kugeln von allen Seiten mit den Kräutern panieren und für besseren Halt andrücken.

3 Die Erdbeeren waschen und vorsichtig trocken tupfen. Die Kelchblätter entfernen und den Stielansatz herausschneiden, die Erdbeeren halbieren. Je 1 Frischkäsekugel zwischen zwei Erdbeerhälften drücken. Alles mit kleinen Holzspießchen (Zahnstochern) zusammenstecken. Die Spießchen liegend auf einer Platte anrichten und servieren.

VARIANTE

Nicht jeder ist von Ziegenkäse so begeistert wie ich. Eine gute Alternative dafür ist Labné (siehe S. 40). Damit er zu Kugeln geformt werden kann, muss er allerdings 2 Tage abtropfen.

GARNELEN-TOMATEN-SPIESSE

4 frische Knoblauchzehen | 75 ml Vollmilch | 2 TL Dijon-Senf | 3–4 TL Zitronensaft | flüssiger Honig | Salz | 180 ml Olivenöl | 20 Cocktailtomaten (ca. 350 g) | 20 geschälte und gegarte Garnelen (küchenfertig; ca. 100 g) | 20 kleine Salbeiblätter | 20 kleine Holzspießchen (Zahnstocher) | Spritzbeutel mit Lochtülle

Kleine Kunstwerke

Für 20 Spießchen | 30 Min. Zubereitung
Pro Stück ca. 90 kcal, 1 g EW, 9 g F, 1 g KH

1 Für die Aioli sollten alle Zutaten Zimmertemperatur haben. Knoblauchzehen schälen und grob würfeln. Milch, Knoblauch, Senf, 1 TL Zitronensaft, 2 Tropfen Honig und ½ TL Salz in einen hohen Becher geben, den Stabmixer hineinstellen und 150 ml Öl daraufgießen. Mit dem Stabmixer erst unten pürieren, langsam nach oben ziehen, bis eine cremige Aioli entstanden ist. Mit Salz, etwas Honig und Zitronensaft pikant abschmecken.

2 Tomaten waschen und trocken tupfen. An der Oberseite jeweils einen Deckel abschneiden, Kerne mit einem Löffelstiel entfernen. An der Unterseite hauchdünne Scheiben abschneiden, damit sie gerade stehen bleiben. Aioli in einen Spritzbeutel mit Lochtülle füllen und in die Tomaten spritzen.

3 Die Garnelen waschen und trocken tupfen. Mit 2 TL Zitronensaft beträufeln und mit etwas Salz würzen. Salbei waschen und trocken tupfen. Restliches Öl in einer Pfanne erhitzen. Salbeiblätter darin kurz anbraten und auf Küchenpapier abtropfen lassen. Die Garnelen auf die Holzspießchen stecken und in die Tomaten spießen. Die Salbeiblätter daneben in die Aioli stecken. Spießchen aufrecht auf einer Platte anrichten und servieren.

ZWEIERLEI VOM LACHS

Bei Lachs greift jeder gerne zu. Hier bieten sich gleich zwei Möglichkeiten: propere Pfannkuchenröllchen und pfefferwürzige Pralinen.

Für die Lachsröllchen:
75 ml Milch
50 g Weizenmehl
1 Ei
1 TL Zucker
Salz
2 TL Butter
2–3 TL Sesam
1 TL bunter Pfeffer
100 g Frischkäse
2 TL Honigsenf
40 g junger Spinat
200 g Räucherlachs

Für die Lachspralinen:
200 g Lachsfilet
1 EL Öl
1 EL Honigsenf
1 EL Limettensaft
1 EL bunter Pfeffer
1 EL Sesam
Gartenkresse (nach Belieben)

Perfekt fürs Brunch-Büfett

Für 4 Personen |
45 Min. Zubereitung
Pro Portion ca. 460 kcal,
30 g EW, 31 g F, 14 g KH

1 Für die Lachsröllchen zunächst Pfannkuchenteig herstellen. Dafür zuerst Milch, Mehl und 2 EL Wasser glatt rühren. Dann Ei, Zucker und 1 Prise Salz dazugeben und verrühren. Den Teig 10 Min. quellen lassen.

2 Nacheinander zwei dünne Pfannkuchen in einer Pfanne ausbacken. Dafür 1 TL Butter in einer Pfanne erhitzen und verteilen. Die Hälfte des Teigs in die Pfanne geben und durch Schwenken gleichmäßig verteilen. Sofort mit 1–2 TL Sesam bestreuen, den Pfannkuchen wenden und fertig backen. Pfannkuchen herausnehmen, den zweiten Pfannkuchen auf die gleiche Weise backen.

3 1 TL bunten Pfeffer im Mörser zerstoßen. Mit dem Frischkäse und 2 TL Honigsenf verrühren. Den Spinat waschen und trocken schleudern, grobe Stiele entfernen. Frischkäsecreme gleichmäßig auf die abgekühlten Pfannkuchen streichen. Mit dem Spinat belegen, dabei an einer Seite einen 3 cm breiten Rand frei lassen. Den Räucherlachs gleichmäßig auf den Spinat legen. Die Pfannkuchen zur freien Seite hin aufrollen. Die Ränder glatt schneiden, die Pfannkuchen in je sechs Röllchen schneiden.

4 Für die Lachspralinen das Lachsfilet kalt abspülen und trocken tupfen, dann in 12 Würfel schneiden. Öl in einer Pfanne erhitzen, die Lachswürfel darin rundherum etwa 3–4 Min. anbraten, sodass sie gebräunt, innen aber noch leicht glasig sind. Honigsenf mit Limettensaft verrühren, mit Salz würzen. Pfeffer im Mörser zerstoßen und mit 1 EL Sesam mischen. Die Lachswürfel zunächst in der Honigsenf-Limetten-Mischung wenden, dann rundherum mit der Pfeffer-Sesam-Mischung überziehen. Röllchen und Lachspralinen diagonal in zwei Reihen auf Tellern anrichten. Nach Belieben noch mit Honigsenf und etwas Kresse garnieren und servieren.

SPARGEL IM SCHINKENMANTEL

500 g grüner Spargel | 2 EL Zitronensaft | 1 TL Zucker | Salz | Pfeffer | 120 g roher luftgetrockneter Schinken in dünnen Scheiben (z. B. Parma- oder Serranoschinken)

Ganz einfach und soo lecker!

Für 4 Personen | 25 Min. Zubereitung
Pro Portion ca. 65 kcal, 7 g EW, 2 g F, 3 g KH

1 Den Spargel waschen und quer halbieren, für dieses Rezept nur die oberen Hälften nehmen, die unteren Hälften anderweitig verwenden, z. B. für Salat oder Risotto. Die Spargelstangen in einem Topf mit Dämpfeinsatz über kochendem Wasser in 2 – 3 Min. sehr bissfest dämpfen.

2 Inzwischen auf einem Teller den Zitronensaft mit dem Zucker verrühren, mit etwas Salz und Pfeffer würzen. Den Spargel in ein Sieb abgießen, kalt abschrecken und abtropfen lassen. Die Spargelstangen in der Marinade wenden und darin 10 Min. ziehen lassen.

3 Die Schinkenscheiben quer halbieren. Die Spargelstangen aus der Marinade nehmen, kurz abtropfen lassen und darin einrollen. Öl in einer Pfanne erhitzen, die Spargelstangen rundherum anbraten, bis sie und der Schinken ganz leicht gebräunt sind. Die Spargelstangen auf einer Servierplatte anrichten und servieren.

TIPP

Die Röllchen lassen sich auch mit weißem Spargel zubereiten. Dieser muss zuvor jedoch geschält werden und sollte ca. 4 Min. dämpfen. Wer es etwas herzhafter mag, kann das Rezept auch einmal mit Staudensellerie probieren.

MINI-RÖSTI MIT SALAMI-RÖLLCHEN

600 g festkochende Kartoffeln | 1 Schalotte | 1 Ei | 4 EL Weizenmehl | Salz | Pfeffer | 1 Birne | 8 große Scheiben Salami (ca. 120 g) | 30 g Rucola | 150 g Brie (französischer Weichkäse) | 3–4 Öl | 80 g Frischkäse | 2 EL körniger Senf | 2 EL Gartenkresse

Richtig herzhaft

Für 16 Stück | 40 Min. Zubereitung
Pro Rösti ca. 100 kcal, 5 g EW, 5 g F, 8 g KH

1 Für die Kartoffel-Rösti die Kartoffeln schälen und fein reiben. Die Schalotte schälen und fein würfeln. Die Kartoffeln in ein Sieb geben und etwas ausdrücken. Dann mit Schalottenwürfeln, Ei und Mehl mischen, mit Salz und Pfeffer würzen.

2 Für die Röllchen die Birne halbieren, das Kerngehäuse entfernen. Die Hälften schälen, die Spitzen abschneiden und halbieren, den Rest in je sechs Spalten schneiden. Die Salamischeiben halbieren. Rucola waschen und trocken tupfen. Den Brie in 16 Scheibchen schneiden.

3 Jeweils etwas Rucola auf jede Scheibe Salami setzen. Jeweils 1 Stück Brie und Birne zusammendrücken und daraufsetzen, alles in die Salamischeiben einrollen.

4 Öl in einer Pfanne erhitzen. Portionsweise bei mittlerer Hitze insgesamt 16 kleine Rösti von beiden Seiten goldbraun ausbacken. Dann auf Küchenpapier abtropfen lassen. Rösti jeweils mit etwas Frischkäse bestreichen und auf einer Platte anrichten. Die Röllchen darauflegen. Je 1 Klecks Senf daraufgeben, Kresse vom Beet schneiden und die Röllchen damit garnieren.

MINI-MATJES-SCHICHTSALAT

2 Stangen Staudensellerie | 30 g Walnusskerne | ½ Apfel | 1 EL Honig | 1 ½ EL Weißweinessig | Salz | Pfeffer | 100 g marinierte Rote-Bete-Scheiben (aus dem Glas) | 100 g saure Sahne | 150 g Matjesfilets | 2 TL gehackte Dillspitzen

Klassiker im neuen Gewand

Für 4 Personen | 15 Min. Zubereitung
Pro Portion ca. 220 kcal, 8 g EW, 16 g F, 11 g KH

1 Sellerie waschen und in Scheiben schneiden. Walnüsse zerbröckeln. Apfel entkernen, schälen und klein würfeln. Alles mit Honig und 1 EL Essig mischen, salzen und pfeffern. Rote-Bete-Scheiben kalt abspülen und auf Küchenpapier abtropfen lassen. Saure Sahne mit restlichem Essig verrühren, salzen und pfeffern. Matjes würfeln.

2 In vier Gläser jeweils 1 Scheibe Rote Bete, etwas Salat, wieder Rote Bete, Matjes und darüber den restlichen Salat schichten. Mit der Sauce beträufeln, restliche Rote Bete darauf anrichten und mit Dill garnieren.

SENFTERRINE MIT SPECK

2 Blatt weiße Gelatine | 200 g saure Sahne | 100 g Joghurt (5 % Fett) | 50 g körniger Senf | 2 TL Limettensaft | 2 TL Honig | Salz | Pfeffer | ½ Scheibe Toastbrot | 1 EL Öl | 2 EL Speckwürfel | 1 EL Kürbiskerne | 1 EL Petersilie

Deftig und edel zugleich

Für 4 Personen |
20 Min. Zubereitung | 2 Std. Kühlen
Pro Portion ca. 255 kcal, 7 g EW, 20 g F, 12 g KH

1 Gelatine 5 Min. in kaltem Wasser einweichen. Saure Sahne, Joghurt, Senf, Limettensaft und Honig verrühren, salzen und pfeffern. Gelatine tropfnass in einem Topf erwärmen, bis sie sich auflöst. 2 EL Senfcreme dazugeben und glatt rühren. Die Mischung unter die restliche Creme rühren.

2 Die Creme auf vier Gläser verteilen, zugedeckt 2 Std. kühl stellen. Für das Topping Toast entrinden und in sehr kleine Würfel schneiden. Öl in einer Pfanne erhitzen, Speck darin auslassen. Toast und Kürbiskerne mitbraten, Petersilie unterrühren. Alles auf den Schälchen anrichten und servieren.

SAIBLING-TATAR

1 Frühlingszwiebel | 1 TL rosa Pfefferbeeren | 300 g Saiblingsfilet (in Sushi-Qualität; nach Belieben auch Lachs, Forelle oder Thunfisch) | 2 ½ EL Limettensaft | 1 ½ TL Honigsenf | 1 EL Gin | 1 Beet Kresse | Salz | 50 g Joghurt | 50 g Salatmayonnaise | Cayennepfeffer

Nordisch nobel

Für 4 Personen | 20 Min. Zubereitung
Pro Portion ca. 115 kcal, 16 g EW, 3 g F, 3 g KH

1 Die Frühlingszwiebel putzen, waschen und in feine Ringe schneiden. Die Pfefferbeeren im Mörser zerstoßen. Den Saibling fein würfeln. Zwiebel, Fisch und Pfeffer mit 1 ½ EL Limettensaft, Honigsenf und Gin verrühren. Zwei Drittel der Kresse vom Beet schneiden und unterheben.

2 Das Tatar mit Salz abschmecken. Joghurt mit Mayonnaise und restlichem Limettensaft verrühren. Mit Salz und Cayennepfeffer würzen. Die Creme auf vier Gläser verteilen, das Tatar darauf anrichten. Die restliche Kresse vom Beet schneiden und darüberstreuen.

AVOCADO-GURKEN-SHOTS

1 Stange Staudensellerie | 200 g Salatgurke | 1 Avocado | 1 frische Knoblauchzehe | 2 Stiele Dill | 100 g saure Sahne | 2 EL Sahne | 2 EL Limettensaft | 1 TL Honig | Salz | 1 Msp. Cayennepfeffer (nach Belieben)

Erfrischendes für heiße Tage

Für 4 Personen | 15 Min. Zubereitung
Pro Portion ca. 125 kcal, 2 g EW, 12 g F, 4 g KH

1 Sellerie waschen, Gurke schälen, Avocado halbieren, entkernen und schälen, eine Avocadohälfte für die Deko zur Seite legen. Alles grob zerkleinern. Knoblauch schälen. Dill waschen, trocken tupfen, die Spitzen abzupfen.

2 Die vorbereiteten Zutaten mit Sahne, Limettensaft, Honig, Salz und Cayennepfeffer fein pürieren, mit Salz abschmecken. Creme in Gläser füllen, vor dem Servieren 5 Min. ins Tiefkühlfach stellen. Restliche Avocadohälfte in dekorative Stücke schneiden und an die Gläser stecken, nach Belieben mit etwas Cayennepfeffer bestreuen. Mit Toast oder Grissini (siehe S. 64) servieren.

MEERRETTICH-CRÈME-BRÛLÉE

Warum nicht einmal herzhaft: Diese würzige Version des französischen Dessertklassikers versprüht Sterne-Ambiente und ist dabei in der Zubereitung vollkommen unkompliziert.

200 g Frischkäse
100 g saure Sahne
60 g Meerrettich
1 EL Aceto balsamico bianco
1 Knoblauchzehe
Salz
Pfeffer
4 Eigelb
3 Radieschen
2 EL Forellen- oder Lachskaviar
2 EL Gartenkresse
Limettensaft
2 EL Rohrohrzucker
8–12 kleine Scheibchen Brot (z. B. Pumpernickeltaler, dünne Baguettescheiben und Laugenstangenscheiben)

Mein neuer Vorspeisenliebling

Für 4 Personen | 20 Min. Zubereitung | 45 Min. Garen | 1½ Std. Kühlen
Pro Portion ca. 310 kcal,
7 g EW, 22 g F, 20 g KH

1 Den Backofen auf 120° vorheizen. Für die Creme Frischkäse und saure Sahne mit Meerrettich und Essig verrühren. Den Knoblauch schälen und dazupressen. Die Creme mit Salz und Pfeffer würzen, zuletzt die Eigelbe unterrühren.

2 Die Creme auf vier ofenfeste flache Portionsförmchen (à 125 ml) verteilen, die Förmchen auf ein tiefes Blech oder in eine Auflaufform stellen. Bis etwa 1 cm unter den Rand der Förmchen heißes Wasser in das Blech bzw. die Auflaufform füllen. Die Creme im Backofen (Mitte) 45 Min. stocken lassen.

3 Die gestockte Creme aus dem Backofen nehmen und abkühlen lassen. Sobald die Creme Zimmertemperatur erreicht hat, die Förmchen zugedeckt 1 Std. kühl stellen.

4 Für das Topping Radieschen putzen und zunächst in dünne Scheiben, dann in feine Streifen schneiden. Mit Kaviar und Kresse mischen, mit wenig Limettensaft würzen und beiseitestellen.

5 Die gekühlten Cremes gleichmäßig mit Zucker bestreuen. Wahlweise mit einem Küchenbunsenbrenner oder unter dem Backofengrill karamellisieren. Die Brennerflamme dafür über den Zucker schwenken, bis dieser geschmolzen ist und sich bräunlich verfärbt. Oder den Backofengrill auf höchster Stufe vorheizen. Die Förmchen im Ofen (oben) hellbraun karamellisieren lassen. Achtung: Die Creme muss gleichmäßig mit Zucker bedeckt sein, sonst verfärben sich unbedeckte Bereiche schnell dunkel!

6 Die Förmchen mit der fertigen Crème brûlée auf Teller stellen, das Topping mittig daraufsetzen. Das Brot dazu servieren.

REGISTER

Damit Sie Rezepte mit bestimmten Zutaten noch schneller finden, sind in diesem Register auch beliebte Zutaten wie **Avocado** oder **Paprika** alphabetisch eingeordnet und hervorgehoben. Darunter finden Sie das Rezept Ihrer Wahl. Vegetarische Rezepte, die im Buch mit einem 🌿 gekennzeichnet sind, sind hier grün abgesetzt.

A/B

Aprikosen: Ziegenkäse mit Aprikosensalsa 28
Artischocken: Eingelegte Artischocken 17
Auberginen-Carpaccio 13
Avocado
    Avocado-Gurken-Shots 57
    Baskische Pintxos 24
Baskische Pintxos 24

Bohnen
    Bohnen-Chorizo-Salat 23
    Marinierte weiße Bohnen 16
Bresaola-Carpaccio 12

C

Carpaccio
    Auberginen-Carpaccio 13
    Bresaola-Carpaccio 12
    Carpaccio classico (Variante) 12
Chorizo: Bohnen-Chorizo-Salat 23

E/F

Eingelegte Artischocken 17
Erdbeeren mit Ziegenfrischkäse 50
Fattoush mit Granatapfel 36
Feta: Sambusak mit Spinat und Schafskäse 42
Focaccia 14
Foccaccia-Bites (Tipp) 15

G

Garnelen
    Baskische Pintxos 24
    Garnelen-Tomaten-Spieße 51
    Gratinierte Zucchini-Garnelen-Röllchen 19
Gebratene Pilze mit Manchego 30
Gefüllte Mini-Paprika 17
Granatapfel: Fattoush mit Granatapfel 36
Gratinierte Zucchini-Garnelen-Röllchen 19
Grillgemüse mit Mojo verde 27
Grissini 64
Gurke
    Avocado-Gurken-Shots 57
    Fattoush mit Granatapfel 36
    Halloumi-Kichererbsen-Salat 37

H

Hähnchen
    Pinchos morunos 31
    Zitronen-Salbei-Hähnchen 9
Halbgetrocknete Tomaten 16

Halloumi
    Halloumi-Kichererbsen-Salat 37
    Halloumi-Spieße mit Zhug-Sauce 46
Himbeeren: Taleggio-Crostini mit Himbeeren 10
Hummus: Lammfleisch-Hummus-Brote 38

J/K

Joghurt: Labné 40
Kalbfleisch: Vitello tonnato 8
Kafta-Kebabs 45
Kartoffeln
    Mini-Rösti mit Salami-Röllchen 55
    Patatas aioli 26
Kichererbsen
    Halloumi-Kichererbsen-Salat 37
    Lammfleisch-Hummus-Brote 38
    Rote-Bete-Falafel 44

L/M

Labné 40
Lachs: Zweierlei vom Lachs 52
Lamm
    Kafta-Kebabs 45
    Lammfleisch-Hummus-Brote 38
    Pinchos morunos 31
Manchego: Gebratene Pilze mit Manchego 30
Marinierte Möhren 40
Marinierte Rote Beten 41
Marinierte weiße Bohnen 16

Matjes: Mini-Matjes-Schichtsalat 56
Meerrettich-Crème-brûlée 58
Mejillones a la marinera 33
Miesmuscheln: Mejillones a la marinera 33
Mini-Matjes-Schichtsalat 56
Mini-Rösti mit Salami-Röllchen 55
Mojo verde: Grillgemüse mit Mojo verde 27
Muhammara 41

P

Paprika
Gefüllte Mini-Paprika 17
Grillgemüse mit Mojo verde 27
Muhammara 41
Paprika-Thunfisch-Salat 22
Pimientos Padrón 26
Patatas aioli 26
Pilze
Bresaola-Carpaccio 12
Gebratene Pilze mit Manchego 30
Pimientos Padrón 26
Pinchos morunos 31
Pintxos mit Jakobsmuscheln und Apfeltatar (Variante) 24

R

Rindfleisch
Carpaccio classico (Variante) 12
Kafta-Kebabs 45
Rote Bete
Marinierte Rote Beten 41
Mini-Matjes-Schichtsalat 56
Rote-Bete-Falafel 44

S

Saibling-Tatar 57
Salami: Mini-Rösti mit Salami-Röllchen 55
Salatgurke
Avocado-Gurken-Shots 57
Fattoush mit Granatapfel 36
Halloumi-Kichererbsen-Salat 37
Sambusak mit Spinat und Schafskäse 42
Schinken
Bresaola-Carpaccio 12
Taleggio-Crostini mit Himbeeren 10
Spargel im Schinkenmantel 54
Schweinefleisch: Pinchos morunos 31
Senfterrine mit Speck 56
Spargel im Schinkenmantel 54
Speck: Walnuss-Speck-Datteln 27
Spinat
Fattoush mit Granatapfel 36
Sambusak mit Spinat und Schafskäse 42

T

Taleggio-Crostini mit Himbeeren 10
Thunfisch
Paprika-Thunfisch-Salat 22
Saibling-Tatar 57
Vitello tonnato 8
Tomaten
Baskische Pintxos 24
Bohnen-Chorizo-Salat 23
Fattoush mit Granatapfel 36
Garnelen-Tomaten-Spieße 51
Halbgetrocknete Tomaten 16
Halloumi-Kichererbsen-Salat 37
Halloumi-Spieße mit Zhug-Sauce 46
Mejillones a la marinera 33

V/W

Vitello tonnato 8
Walnuss
Bresaola-Carpaccio 12
Mini-Matjes-Schichtsalat 56
Muhammara 41
Sambusak mit Spinat und Schafskäse 42
Walnuss-Speck-Datteln 27

Z

Ziegenkäse
Erdbeeren mit Ziegenfrischkäse 50
Ziegenkäse mit Aprikosensalsa 28
Ziegenkäse mit Morcilla (Variante) 28
Zitronen-Salbei-Hähnchen 9
Zhug-Sauce: Halloumi-Spieße mit Zhug-Sauce 46
Zucchini
Gratinierte Zucchini-Garnelen-Röllchen 19
Grillgemüse mit Mojo verde 27
Halloumi-Spieße mit Zhug-Sauce 46
Zweierlei vom Lachs 52

© 2016 GRÄFE UND UNZER VERLAG GmbH, München
Alle Rechte vorbehalten. Nachdruck, auch auszugsweise, sowie die Verbreitung durch Film, Funk, Fernsehen und Internet, durch fotomechanische Wiedergabe, Tonträger und Datenverarbeitungssysteme jeglicher Art nur mit schriftlicher Genehmigung des Verlages.

Projektleitung: Monika Greiner
Lektorat: Margarethe Brunner
Korrektorat: Waltraud Schmidt
Innen- und Umschlaggestaltung: independent Medien-Design, Horst Moser, München
Herstellung: Mendy Jost
Satz: Kösel, Krugzell
Reproduktion: medienprinzen GmbH, München
Druck und Bindung: Schreckhase, Spangenberg
Syndication: www.jalag-syndication.de
Printed in Germany

1. Auflage 2016
ISBN 978-3-8338-5013-4

www.facebook.com/gu.verlag

Der Autor
Martin Kintrup hat seine Lust am Kochen, Essen und Genießen zum Beruf gemacht. Als Autor und Redakteur arbeitet er für mehrere Verlage und hat schon zahlreiche Kochbücher geschrieben, viele davon preisgekrönt.

Der Fotograf
Wolfgang Schardt hegt eine Leidenschaft für gutes Essen und hat ein Händchen dafür, jedes Gericht im besten Licht zu präsentieren. Zusammen mit **Volker Hobl** (Foodstyling) und **Janet Hesse** (Assistenz) hat er die leckeren Kleinigkeiten in diesem Buch zur schönsten Hauptsache erklärt.

Bildnachweis
Autorenfoto: Food & Nude Photography, Münster; alle anderen Fotos: Wolfgang Schardt, Hamburg

Titelrezepte
Pimientos Padrón (S. 26), Bohnen-Chorizo-Salat (S. 23), Spargel im Schinkenmantel (S. 54), Labné-Bällchen (S. 40)

Umwelthinweis:
Dieses Buch ist auf PEFC-zertifiziertem Papier aus nachhaltiger Waldwirtschaft gedruckt.

Liebe Leserin, lieber Leser,
haben wir Ihre Erwartungen erfüllt? Sind Sie mit diesem Buch zufrieden? Haben Sie weitere Fragen zu diesem Thema? Wir freuen uns auf Ihre Rückmeldung, auf Lob, Kritik und Anregungen, damit wir für Sie immer besser werden können.

GRÄFE UND UNZER Verlag
Leserservice
Postfach 86 03 13
81630 München
E-Mail:
leserservice@graefe-und-unzer.de

Telefon: 00800 / 72 37 33 33*
Telefax: 00800 / 50 12 05 44*
Mo–Do: 9.00 – 17.00 Uhr
Fr: 9.00 – 16.00 Uhr
(* gebührenfrei in D, A, CH)

Ihr GRÄFE UND UNZER Verlag
Der erste Ratgeberverlag – seit 1722.

Backofenhinweis:
Die Backzeiten können je nach Herd variieren. Die Temperaturangaben in unseren Rezepten beziehen sich auf das Backen im Elektroherd mit Ober- und Unterhitze und können bei Gasherden oder Backen mit Umluft abweichen. Details entnehmen Sie bitte Ihrer Gebrauchsanweisung.

Appetit auf mehr?

ISBN 978-3-8338-3770-8

ISBN 978-3-8338-3432-5

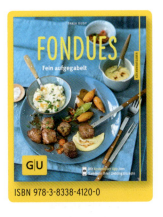

ISBN 978-3-8338-4120-0

ISBN 978-3-8338-3435-6

ISBN 978-3-8338-3964-1

Alle hier vorgestellten Bücher sind auch als eBook erhältlich.

Mehr von GU auf **www.gu.de** und
facebook.com/gu.verlag

Willkommen im Leben.

GRISSINI

Warum Grissini nicht einmal selber backen? Das kostet Zeit, ist aber ganz einfach. Antipasti, Tapas und Mezze werden so zum doppelten Genuss!

10 g frische Hefe | 1 TL Gerstenmalz (Bioladen oder Reformhaus) | 1 TL Salz | 2 EL Olivenöl + Öl zum Bestreichen | 300 g Weizenmehl (Type 550) | Sesam, Mohn, getrockneter Rosmarin oder Parmesan zum Bestreuen

Krosse Knabberei

ca. 25 – 30 Stück | 50 Min. Zubereitung | 1 Std. 5 Min. Ruhen | 17 Min. Backen
Pro Stück ca. 40 kcal, 1 g EW, 1 g F, 7 g KH

1 50 ml Wasser mit Hefe und Gerstenmalz verrühren. Zusätzlich 100 ml Wasser mit Salz und Öl verrühren. Mehl in eine Schüssel häufen, Hefewasser mit den Knethaken unterrühren. Dann die Salzwasser-Öl-Mischung dazugeben, alles zuerst mit den Knethaken des Handrührgerätes, dann mit den Händen zu einem glatten Teig verkneten. Diesen leicht länglich formen, mit Öl bestreichen und mit Frischhaltefolie zugedeckt 1 Std. gehen lassen.

2 Backofen auf 200° vorheizen. Vom Teig ca. 1 cm breite Streifen abschneiden und mit den Händen mindestens auf die doppelte Länge ziehen. Auf Backpapier auslegen.

3 Teigstangen mit Wasser bestreichen und mit Sesam, Mohn, Rosmarin oder Parmesanspänen bestreuen. Noch einmal 5 Min. gehen lassen. Auf dem Blech im heißen Backofen (Mitte) portionsweise jeweils 15 – 17 Min. knusprig braun backen.